Harald Parigger

Napoleon
Der unersättliche Kaiser

Die letzte Überfahrt

An Bord der „Bellerophon", im Atlantik, August 1815
Mit vollen Segeln rauschte die „Bellerophon", Fregatte Seiner Majestät des Königs von England, durch die sonnüberglänzte, kabbelige See.

Was für ein wunderbares Schiff! Kapitän Sir Frederick Maitland, K. B.*, leckte sich die Lippen und grunzte zufrieden, als er den vertrauten bittersalzigen Geschmack verspürte.

Was für ein wunderbares Schiff! Er stellte sich das Bild vor, das seine „Bellerophon" von ferne bot: der schlanke, lang gestreckte Rumpf, die hohen Masten, die gewaltigen Groß- und Marssegel, die sich weiß schimmernd vor dem wolkenlos blauen Himmel blähten.

Maitland schloss die Augen und holte sich so das prächtige Bild vor sein inneres Auge, während er die würzigfeuchte Seeluft einatmete.

Ein krächzendes Stimmchen riss ihn aus seiner Sonntagslaune. „Käpt'n, Sir!!"

Unwillig riss er die Augen auf, musste dann aber grinsen,

als er den Midshipman* sah, der in strammer Haltung vor ihm stand und ihn mit großen Augen musterte.

Ein Kerlchen von gerade mal 13 war das, mitten im Stimmbruch, mit einer Uniform, so neu und frisch wie der Kranz einer Brautjungfer. Vor drei Wochen hatte dem noch seine Mutter die Nase geputzt.

„Nun, Mister Winter, was kann ich für Sie tun?"

„Sir, wenn Sie erlauben, Sir, der... der Mann, also der Franzose, der Passagier..."

Der Kleine rang sichtlich nach Worten.

Maitland erlöste ihn. „Sie meinen den Gast in meiner Kajüte?"

„Ja, Sir, genau den, Sir. Er wünscht..."

Mit Maitlands guter Laune war es schlagartig vorbei, als er an den Mann dachte, dem er wohl oder übel seine Achterdeckskajüte hatte abtreten müssen.

Bei Gott, da hatten ihm die Lords der Admiralität ein schönes Ei ins Nest gelegt! Und das nur, weil er fließend Französisch sprach...

Der Midshipman, der seine finstere Miene bemerkte, begann zu stottern. „Also, Sir, Verzeihung, Sir, er wünscht, dass... also, dass Sie sich... sich unverzüglich zu ihm verfügen, Sir. Verzeihung, aber genau das hat er gesagt, Sir."

Maitland spürte, wie er wütend wurde. Was hatte ihm der da zu befehlen! Doch er beruhigte sich schnell. Ein bösartiger Hund bellte auch noch, wenn er an der Kette lag. Aber deswegen lag er doch an der Kette. Und diese Kette hier würde nie, nie reißen!

„Nun, Mr Winter", sagte Maitland und lächelte schon wieder. „Bestellen Sie unserem Gast, er möge sich noch ein paar Augenblicke gedulden, ich würde ihm dann meine Aufwartung machen. Haben Sie das verstanden?"

„Jawohl, Sir!" Der Junge wiederholte Wort für Wort.

„Recht so, Mr Winter. Und jetzt ab mit Ihnen."

Der Junge grüßte und wollte davonrennen, als ihn Maitlands Stimme zurückhielt.

„Mr Winter!"

„Käpt'n, Sir?"

„Ein Offizier des Königs rennt nicht!"

„Jawohl, Sir!"

Mit würdevollen Schritten stelzte er davon, während ihm der Kapitän und etliche erfahrene Salzbuckel, die in der Nähe Dienst taten, grinsend hinterherblickten, bis er in der Kampanje* verschwunden war.

Maitland blieb noch einen Augenblick stehen, und nicht nur, um den „Gast" ein wenig warten zu lassen. Viele solcher junger Burschen hatte er gekannt und wie viele von ihnen hatten ihr Leutnants- oder ihr Kapitänspatent nicht mehr erlebt: gefällt an Deck von einer feindlichen Gewehrkugel, zerschmettert im mörderischen Geschützfeuer, verblutet mit einem Degen im Leib.

Das alles war im Krieg gegen den Mann da unter Deck geschehen, den Mann, der einmal der Kaiser der Franzosen gewesen war: Napoleon Bonaparte. Er, Maitland, hatte gegen ihn und seine Flotte gekämpft, seit er als blutjunger Midshipman in die englische Marine eingetreten war, um ihn daran zu hindern, Europa, nein, die ganze Welt zu unterjochen.

Nachdenklich schritt Maitland eine Weile auf dem Achterdeck hin und her – wie er es von unzähligen Tagen und Nächten auf See gewohnt war.

Auf einmal schien ihm das Schanzkleid* nicht mehr so weiß und das Deck nicht mehr so makellos zu sein: Er sah die Narben im Holz, glaubte, die dunklen Flecken geronnenen Blutes unter der frischen Farbe zu entdecken. Mithilfe des Allerhöchsten würde der Kampf, der zu Wasser und der zu Lande, jetzt für lange Zeit ein Ende haben – jedenfalls, wenn er seine Aufgabe pflichtgemäß erfüllte. Und das wollte er tun.

„Fähnrich der Wache!"

„Sir?" Der diensthabende Midshipman eilte herbei und stand stramm. Maitland runzelte die Stirn und musterte den Mann nachdenklich. Schwarzes, lockiges Haar, mager zum Erbarmen – wie fast alle Fähnriche –, dunkle, herausfordernd blickende Augen. Etwas älter als die anderen war er, 17, soweit er wusste. Der Spanier. Wie hieß er doch gleich? Alvarez, nein, Alvaro. Irgendein einflussreiches Mitglied der Admiralität hatte ihm die Stelle an Bord verschafft.

„Ich gehe in meine Kajüte. Der Erste Offizier soll übernehmen!"

„Aye-aye, Sir!" Der Mann machte auf dem Absatz kehrt.

„Ach, einen Augenblick, Mr Alvaro!"

„Sir?"

„Fühlen Sie sich wohl hier an Bord? Gut eingelebt?"

„Durchaus, Sir! Danke der Nachfrage, Sir!"

Er sprach mit dem harten, rollenden Akzent, der für die Spanier typisch war.

„Schon mal an die Leutnantsprüfung gedacht?"

„Nein, noch nicht, Sir!"

Seltsam! Noch nie an die Leutnantsprüfung gedacht? Normalerweise dachten Midshipmen an nichts anderes. Und warum sah der Kerl immer auf den Boden? Na, ob der sich hier wirklich wohlfühlte?

Der Kapitän seufzte leise. Er konnte sich nicht um alles kümmern, was an Bord los war.

„Recht so, Mr Alvaro! Gehen Sie jetzt wieder an Ihren Dienst! Und vergessen Sie die Meldung nicht!"

Während der Fähnrich verschwand, ging Maitland gemächlich zur Kampanje, den schmalen Niedergang hinunter, erwiderte den Gruß der davor postierten Wache und betrat die Achterkajüte.

Der Mann, der am Tisch gesessen und bis eben geschrieben hatte, sprang auf. Er tat es nicht aus Höflichkeit; seine Stimme klang zornig, als er sagte: „Sie lassen mich warten, Herr Kapitän? Ist das die Art, wie die Engländer einen Gast behandeln? Sollten Sie vergessen haben, wen Sie vor sich haben?"

„Stets zu Ihren Diensten, Sire*", erwiderte Maitland gelassen, während er höflich seinen Zweispitz abnahm, „aber die Schiffsführung gebietet es gelegentlich, die Etikette außer Acht zu lassen. Sie werden das verstehen, Sire, unser aller Sicherheit geht vor." Um weiteren Klagen vorzubeugen, fügte er hinzu: „Was steht zu Diensten?"

Der Mann verzog das Gesicht. „Man verpflegt mich schlecht, Kapitän." Er hob eine Karaffe vom Schreibtisch und schwenkte sie. „Sehen Sie? Leer! Ich hatte doch gebeten, dass mir eine angemessene Menge Chambertin* zur Verfügung stehen sollte ..."

Der Kapitän verzog keine Miene, obwohl er an den sauren Roten dachte, mit dem er sich selbst begnügen musste. Er rief den Posten herein und befahl: „Treiben Sie meinen Steward auf, Williams, und sagen Sie ihm, er soll Seiner Majestät zwei Flaschen Chambertin bringen!"

Ohne sich zu verhaspeln, wechselte er vom Englischen wieder ins Französische: „Ist sonst noch etwas gefällig, Sire?"

„Haben Sie noch von dem gebratenen Geflügel?"

„Es wäre inzwischen verdorben, Sire; auf See ist das mit dem Nachschub nicht so einfach wie an Land. Aber eingemachtes Gänsefleisch ist, soweit ich weiß, noch da."

„Dann lassen Sie das bringen, in Gottes Namen!" Der Mann zögerte. „Nein, lassen Sie das, ich habe den ganzen Tag schon mit Übelkeit zu kämpfen, nur den Wein!"

Maitland instruierte den Posten und schickte ihn fort; dann lehnte er sich an den Achtzehnpfünder, der jetzt von einer Persenning* verhüllt war und dies mit Gottes Hilfe für den

Rest der Fahrt auch bleiben würde, und wartete, ob sein Gast etwa eine Unterhaltung zu beginnen wünschte.

Nein, er wandte sich wortlos wieder seinen Papieren zu und Maitland war trotz dieser neuerlichen Flegelei alles andere als böse darüber.

Die Lords der britischen Admiralität hatten ihm eingeschärft, den ungewöhnlichen Passagier nur ja äußerst höflich und zuvorkommend zu behandeln. In der Sache freilich waren ihre Instruktionen ebenso klar und ließen ihm keinerlei Handlungsspielraum: Napoleons Schicksal war besiegelt, da gab es keine Gnade mehr.

Er würde also die Gelegenheit nutzen: Während der Mann auf Kosten Seiner Majestät des Königs von England teuren Chambertin schlürfte, würde er ihm mitteilen, was ihm bevorstand – dann würde er den Wein bitter nötig haben!

Maitland musterte ihn, während er emsig schrieb, ohne sich um den Kapitän zu kümmern, als ob der bloß ein Lakai wäre. Er war klein, so klein, dass seine Fußspitzen gerade den Boden berührten, während er im Lehnstuhl des Kapitäns hockte. Er war, erstaunlich bei einem Mann, dessen Leben doch von den Entbehrungen zahlloser Feldzüge geprägt war, ziemlich feist. Jedenfalls spannte sich seine Kniehose über dem Bauch und den Schenkeln seiner kurzen Beine. Auf seinem kugelrunden Schädel klebte dünnes Haar. Wie zufällig war eine breite Strähne von hinten nach vorne gekämmt, um die kahle Stirn zu verdecken.

Jetzt blickte er auf und wandte sein Gesicht dem Kapitän zu.
„Nun, Monsieur, haben Sie Ihre physiognomischen* Studien
beendet?", fragte er spöttisch.
„Sollten Sie sich belästigt fühlen, bitte ich um Vergebung",
entgegnete Maitland kühl. „Aber ich warte darauf, dass Sie
Ihre Arbeit beenden, Sire!"
„Und warum lassen Sie mich dabei nicht ungestört, wenn ich
fragen darf?" Die Stimme des Mannes war schärfer geworden.
Der Kapitän ließ sich nicht aus der Fassung bringen. „Weil
ich Ihnen im Auftrag ihrer Lordschaften etwas mitzuteilen
habe, Sire."
„Nun? Warum tun Sie es dann nicht?"
Das Klopfen des Stewards ersparte Maitland vorerst die Ant-

wort. Er wartete, bis der „Gast" einen Schluck Wein getrunken hatte, und zog dann ein gefaltetes Blatt aus seiner Uniformjacke, dessen Siegel bereits erbrochen war.

Langsam, deutlich und jede Silbe betonend übersetzte er den Text, den er selbst schon ein Dutzend Mal gelesen hatte:

„Kapitän Sir Frederic Maitland, K. B., Kommandant Seiner Majestät Fregatte Bellerophon.

Instruktion der Hohen Admiralität.

Sir, Sie werden hiermit ersucht und angewiesen, Ihren Passagier, den mit Wirkung vom 22. Juni des Jahres 1815 abgedankten Kaiser der Franzosen, Napoleon Bonaparte, unverzüglich, ohne Umwege und Zwischenaufenthalte, nach Plymouth zu schaffen. Dort ist er sofort und ohne Aufenthalt auf HMS Northumberland zu überführen. Mit ihr wird er auf die Insel Ihrer Majestät St. Helena im Südatlantik gebracht, wo selber abgedankter Kaiser Napoleon für den Rest seines irdischen Lebens zu verbleiben hat. Sie haben dafür Sorge zu tragen..."

Er brach ab. Napoleon war aufgesprungen und starrte ihn an. Sein rundes Gesicht war aschfahl geworden, die Augen aufgerissen, die Unterlippe vorgewölbt. Die Hände presste er vor den Bauch, als peinigten ihn Magenkrämpfe.

Unwillkürlich trat der Kapitän einen Schritt zurück. Ein Anfall von Seekrankheit womöglich...

„Ist Ihnen nicht gut, Sire? Soll ich den Schiffsarzt kommen lassen?"

„Was haben Sie gesagt? Wohin soll ich gebracht werden?"

„Auf die Insel St. Helena."

„Wo... wo liegt die?"

„Nun...", der Kapitän überlegte einen Augenblick, „nicht weit vom südlichen Wendekreis, gut 1 000 Seemeilen von der Westküste Afrikas und 2 000 von der Ostküste Südamerikas entfernt."

„Was ist das für eine Insel? Wie groß ist sie?"

„Ich habe einmal dort geankert, um Frischwasser zu fassen. Eine Vulkaninsel. Mit einem guten Pferd könnten Sie sie in zwei, drei Stunden umrunden, schätze ich."

Der ehemalige Kaiser nickte, immer wieder, wie ein mechanischer Apparat. „In zwei, drei Stunden umrunden."

Schwer ließ er sich zurück in den Stuhl fallen. „In zwei, drei Stunden umrunden", murmelte er immer wieder. „In zwei, drei Stunden umrunden."

Maitland wandte sich zum Gehen. Fast hätte er Mitleid empfunden. Doch da überfiel ihn wie ein Blitz die Erinnerung und alles war wieder gegenwärtig. Das Grollen und Donnern der schweren Geschütze. Das Pfeifen der Musketenkugeln. Der Rauch, die Hitze, der Gestank nach Pulver, Schweiß und Blut, die Decks voller Sterbender und Verwundeter. 16 Jahre Krieg. Zu Wasser und zu Land. Mit Hunderttausenden Toten. Nein, kein Mitleid mit diesem Mann.

Bevor er die Kajüte verließ, schaute er noch einmal zurück. Napoleon saß an seinem Schreibtisch und schrieb fieberhaft. Leise schloss der Kapitän die Tür.

Napoleon Bonaparte – Karriere im Schatten der Revolution

1789 hatte sich in Frankreich der Zorn über Ausbeutung, Rechtlosigkeit und Hunger in einer großen Revolution entladen, die vom Bürgertum begonnen und von den Massen der Arbeiter und Bauern getragen wurde. Der König, der bis dahin mit uneingeschränkter Macht regiert hatte (diese Staatsform nennt man Absolutismus), war zunächst in seinen Rechten beschränkt, später abgesetzt und schließlich (1793) hingerichtet worden. Ein gewähltes Parlament (die Nationalversammlung) hatte dann eine neue demokratische Ordnung beschlossen und die grundlegenden Menschen- und Bürgerrechte festgelegt. Leibeigenschaft und Privilegien des Adels, z. B. die Steuerfreiheit, waren abgeschafft worden.

Unter radikalen Politikern, die als „Wohlfahrtsausschuss" die Führung übernommen hatten, war aus der neuen Ordnung jedoch eine Schreckensherrschaft geworden, unter der Tausende Menschen ihr Leben durch die Guillotine* verloren hatten. Schließlich waren die führenden Männer des Wohlfahrtsauschusses selbst hingerichtet worden. Danach war ein neues Parlament aus zwei Kammern gewählt worden (der Rat der Alten und der Rat der Fünfhundert), die Regierung hatte ein Direktorium* aus fünf gewählten Männern übernommen; die Hinrichtungen hatten aufgehört.

Die anderen großen europäischen Mächte hatten diese

Ereignisse in Frankreich mit größtem Misstrauen beobachtet. Denn in Österreich, in Russland und in Preußen herrschten Monarchen mit uneingeschränkter Macht. Was wäre, wenn die Ideen der Revolution von der Freiheit und Gleichheit aller Bürger auf ihre Reiche übergriffen? Würden schließlich nicht auch ihre Köpfe rollen? Die Herrscher von Preußen und Österreich hatten schließlich gedroht, mit Waffengewalt die alten Verhältnisse in Frankreich wiederherzustellen. Das war ihnen schlecht bekommen: Frankreich hatte ihnen den Krieg erklärt und die französische Revolutionsarmee hatte sie besiegt.

Vor diesem Hintergrund begann die steile militärische Karriere des jungen Napoleon Bonaparte. Er war intelligent, tatkräftig, belesen und militärisch gründlich ausgebildet. Außerdem verstand er es, sich den jeweiligen politischen Verhältnissen bestens anzupassen. Als die Radikalen 1793 an die Macht kamen, schlug er sich auf ihre Seite. Als die südfranzösische Stadt Toulon sich gegen die radikalen Machthaber erhob und den König wieder einsetzen wollte, trug er wesentlich dazu bei, sie zu stürmen. Daraufhin wurde er 1793 schon mit 24 Jahren in den Generalsrang erhoben. Nach der Hinrichtung der Radikalen wandelte er sich sofort zum Gefolgsmann des Direktoriums und half diesem, in Paris eine Anzahl von einflussreichen königstreuen Abgeordneten zu beseitigen, was ihm erneut eine Beförderung einbrachte.

Seinen ersten wirklich großen militärischen Erfolg in dieser Zeit erzielte er gegen Truppen der Könige von Piemont und Sardinien sowie des Herrschers von Österreich, denen damals große Teile des heutigen Italiens gehörten. Das lag nicht nur an seiner großen strategischen Begabung, es gelang ihm auch, seine Soldaten für sich zu begeistern. Die Franzosen kämpften so fanatisch, dass Österreich schließlich Frieden mit Frankreich schließen und zahlreiche italienische Besitzungen an die Franzosen abtreten musste (1797).

Aber Napoleon, ein Getriebener, der ständig nach neuen Ruhmestaten lechzte, war mit seinem Sieg nicht zufrieden. Er hatte sich noch ein weit größeres, ferneres Ziel gesteckt: Lange schon träumten die Franzosen davon, Ägypten zu erobern – das Land, in dem man märchenhafte Schätze vermutete. Außerdem hofften sie damit, einen alten Rivalen, nämlich England, im Handel mit dem Orient übertreffen zu können.

Napoleon konnte das Direktorium überzeugen, ihn mit dem Oberbefehl in einem ägyptischen Feldzug zu betrauen. Tatsächlich hatte er auch Erfolge gegen die in Ägypten herrschenden Mamelucken. Aber dann traten die Engländer auf den Plan. Ihre Flotte zerstörte unter Admiral Nelson die der Franzosen 1798 fast völlig. Damit war Napoleon in Ägypten gescheitert. Er floh aus Ägypten und ließ seine Truppen im Stich. Es gelang ihm jedoch, die Tatsachen so zu verdrehen, dass er trotzdem in Frankreich begeistert empfangen wurde.

Wieder einmal zeigte sich seine Skrupellosigkeit. Er nutzte die Begeisterung und die bestehende innenpolitische Unzufriedenheit aus und wandte sich gegen seine Vorgesetzten: Er stürzte das Direktorium, das als unfähig und obendrein korrupt galt, mithilfe ihm ergebener Soldaten, indem er sich als Retter des Vaterlands ausgab. Anschließend bestimmte er sich selbst 1799 zum Ersten Konsul. Konsul*, das klang demokratisch, die römischen Konsuln der Antike waren gewählte Beamte, und zwar nur für ein Jahr, gewesen. Napoleon aber dachte weder an Wahl noch an zeitliche Begrenzung. Bei ihm bedeutete „Erster Konsul" nichts anderes als Alleinherrscher mit weitreichenden Vollmachten. Jetzt hatte er es geschafft, jetzt stand er unangefochten an der Spitze des Staates.

Napoleon Bonaparte (links oben in der Mitte) als Erster Konsul

Der Brief des Kaisers

Maitland hatte darauf bestanden, dass der Schiffsarzt den berühmten Passagier untersuchte, schließlich war er verantwortlich dafür, dass Napoleon Plymouth heil und gesund erreichte. Doch der Doktor hatte bis auf einen beschleunigten Puls und einen gereizten Magen nichts feststellen können.

„Die Seekrankheit vielleicht und eine nervöse Störung", hatte er diagnostiziert, „mehr fehlt ihm nicht, soweit ich das feststellen kann. Für beides ist der Chambertin genau die richtige Medizin – wenn er ihn in Maßen genießt."

„Kann die Aussicht auf das, was vor ihm liegt, ihm ernsthaften Schaden zufügen?"

Der Arzt hatte nur spöttisch gegrinst. „Fragen Sie mal einen Ihrer Matrosen oder Kanoniere, Sir, wenn Sie ihm eine Insel mit einer prächtigen Villa, einem Haufen Bediensteter

und einer fürstlichen Apanage versprächen, ob ihn das wohl krank machen würde – bei allem Respekt, Sir, aber er würde Sie auslachen!"

Der Kapitän hatte sich ebenfalls ein Grinsen nicht verkneifen können. „Das ist was anderes, lieber Doktor. Wir reden von einem Mann, der sich vor Kurzem noch als Herr der Welt fühlte."

„Von solchen Gefühlen verstehe ich nichts, Sir", war die Antwort des Arztes gewesen. „Ich weiß nur, dass er eine weiche Koje hat, besseres Essen kriegt als wir alle und Wein, so viel er mag. Wenn einer gesund ans Ziel kommt, dann er."

Trotz der Auskunft des Schiffsarztes war Maitland noch nicht ganz beruhigt gewesen: Hatte man nicht schon von Fällen gehört, in denen jemand an seiner Schwermut gestorben war? Er hatte deshalb beschlossen, häufig nach seinem Passagier zu sehen, um ihm möglichst wenig Gelegenheit zum Grübeln zu geben.

Er fand ihn nicht lange nach der Untersuchung vor, wie er gerade einen Brief beendete, indem er ihn schwungvoll unterzeichnete und anschließend mit Sand bestreute, um die Tinte zu trocknen.

„Würden Sie die Freundlichkeit haben, Herr Kapitän, diesen Brief für mich zu befördern? Er ist an Seine Exzellenz, den Premierminister von England, gerichtet."

Oh, welch ungewohnt höfliche Formulierung!

„Selbstverständlich, Sire! Ich werde ihn persönlich der Admiralität übergeben, von dort wird er weiterbefördert."

Napoleon faltete das Schreiben und siegelte es. „Ich verlasse mich auf Sie."

Maitland verneigte sich und verließ die Kajüte.

Als er in dem engen Gelass zwischen den beiden Achtzehnpfündern angelangt war, das ihm einer seiner Leutnants hatte überlassen müssen, nahm er ein scharfes Federmesser zur Hand und löste das Siegel vorsichtig ab *(„Geben Sie kein Schriftstück Bonapartes unkontrolliert aus der Hand!"* – so lautete der ausdrückliche Befehl der Admiralität) und las, was der ehemalige Kaiser der Franzosen geschrieben hatte:

„Angesichts des Himmels und der Menschen protestiere ich feierlich gegen die Verletzung meiner heiligsten Rechte, indem man mit Gewalt über meine Freiheit verfügt. Ich bin kein Gefangener, ich bin der Gast Englands. Sollte jedoch die Regierung dem Kapitän der ,Bellerophon' Befehl gegeben haben, mir eine Falle zu stellen, dann hat sie sich ehrlos gemacht und ihre Flagge beschmutzt! So wird die Geschichte urteilen: Jemand, der 20 Jahre lang heldenhaft gegen England Krieg geführt und sich in der Stunde seines größten Unglücks vertrauensvoll in die Hände seines Feindes begeben hat, wurde von diesem elend getäuscht und verraten! Die Glaubwürdigkeit Britanniens wird für immer verloren sein!"

Der alte Tiger, dachte Maitland, halb belustigt, halb bewundernd, er beißt noch zu, obwohl ihm auch der letzte Reißzahn längst gezogen ist. Wahrscheinlich hatte er eine Zweitschrift verfasst, die er bei passender Gelegenheit einem seiner Vertrauten zustecken würde, damit der sie an die Öffentlichkeit brächte.

Ja, so wollte er sich darstellen: als der edle Held, selbst in der Niederlage noch groß, umgeben von niederträchtigen und kleinlichen Feinden.

Es pochte an die Kammertür. Ein Posten trat ein und reichte ihm eine Meldung des Signalfähnrichs. Maitland überflog sie und befahl dann: „Holen Sie mir den Schiffsarzt, Thatcher!"

„Aye-aye, Sir!"

Als der Arzt die Kammer betrat, hielt ihm der Kommandant die Meldung entgegen.

„Gegen sechs Glasen werden wir auf die alte ‚Alkmene' treffen; sie befindet sich auf dem Weg nach Gibraltar. Ihr Kommandant hat mir signalisiert und bittet um Hilfe. Er hat einen Fall von Fieber an Bord und fragt, ob wir den Mann mit nach England nehmen können. Ich möchte, dass Sie übersetzen und sich den Kranken anschauen. Wenn Sie den Eindruck haben, dass die Sache ansteckend ist, dann muss er bleiben, wo er ist – so leid es mir tut. Ich will nicht riskieren, dass sich unser Passagier ansteckt. Ihre Lordschaft würde mich lebendig rösten!"

„Mach ich, Sir." Der Mann wandte sich zum Gehen, aber Maitland bat: „Setzen Sie sich, John, trinken Sie ein Glas Wein mit mir!"

„Gern, Sir!"

Die vertrauliche Anrede signalisierte, dass der Kapitän Lust zum Plaudern hatte. Also ließ sich der Schiffsarzt an dem winzigen Tischchen nieder und wartete, bis Maitland zwei Gläser vollgeschenkt hatte. Dann fragte er: „Was ist das eigentlich für ein Mann, dieser Bonaparte, Sir?"

„Sie müssten es eigentlich besser wissen als ich, John. Sie haben ihn mehrfach untersucht."

Der Doktor zuckte die Achseln. „Ich kann Ihnen sagen, dass er sehr kurze Beine hat und reichlich Speck auf den Rippen, dass seine Muskulatur kräftig ist, ebenso sein Herz, und dass er anfällig ist für die Seekrankheit wie fast jede Landratte. Aber wie es drinnen in ihm aussieht und wie dieser kleine, dickliche Kerl es geschafft hat, bis auf England ganz Europa zu unterjochen und Königen und Fürsten seinen Willen aufzuzwingen, das ist mir unbegreiflich."

Maitland überlegte eine Weile, bevor er eine Antwort gab.

„Ich glaube, John, in Ihren Worten ist schon viel über diesen außergewöhnlichen Mann enthalten. Da kommt einer daher, ein unbedeutender Landadeliger, kleinwüchsig und von provinziellem Auftreten, aus Korsika, einer Insel, über die man in Paris nur naserümpfend gesprochen hat. Dieser Bursche schafft es in kurzer Zeit, die Macht im Staat an sich zu reißen. Wenig später macht er sich auf, die Welt zu beherrschen – und fast hätte er es geschafft. Sie haben von seinem Willen gesprochen. Ja, ich glaube, er muss einen eisernen Willen haben, eine ungeheure innere Kraft, die sich auch von den schlimmsten Rückschlägen nicht niederringen lässt. Nehmen Sie nur diesen Brief hier ..."

„Eine Frechheit!", kommentierte er.

„Eine Frechheit, natürlich. Das Schreiben eines unglaublich eitlen, überheblichen und selbstgefälligen Menschen, unbestritten. Aber auch das Schreiben eines Menschen, der sich niemals unterwirft. Selbst jetzt, da dieser Napoleon nichts ist als ein ohnmächtiger Gefangener, der Willkür eines kleinen Fregattenkapitäns ausgeliefert, seekrank, hilflos auf einem Schiff mitten im Atlantik, gibt er nicht klein bei, bettelt nicht um Milde. Nein, er setzt alles daran, um den übermächtigen Feind, in dessen Hand er sich befindet, in der Öffentlichkeit bloßzustellen und als ehrlos zu bezeichnen. Dieser Mann gibt nie auf!"

Sorgfältig siegelte der Kapitän den Brief neu und rief nach seinem Posten. „Schicken Sie mir den Fähnrich der Wache!"

Wenig später klopfte es und Alvaro, die Mütze unter dem Arm, trat grüßend in die Kabine.

„Mr Alvaro, ich möchte, dass Sie den Schiffsarzt an Bord der Fregatte, die sich uns nähert, begleiten. Sie kommandieren das Beiboot, mit dem Sie übersetzen. Suchen Sie sich eine geeignete Mannschaft zusammen."

„Aye-aye, Sir!"

Alvaros Miene blieb ausdruckslos; er hob die Hand an die Stirn, machte kehrt und verschwand.

„Merkwürdiger Bursche", sagte der Arzt. „Jeder verdammte Fähnrich hätte gestrahlt angesichts der Aussicht, für ein paar Stunden ein Kommando führen zu dürfen. Der hier regt keinen Gesichtsmuskel. Na ja, egal. Zurück zu Napoleon. Er hätte es so schön haben können... Erinnern Sie sich, Sir? Man hat ihm die Insel Elba gegeben, eine große, reiche, blühende Insel, Fürst von Elba hätte er sich nennen dürfen..."

„Sehen Sie, Doktor, und darin unterscheidet sich dieser kleine Bonaparte von Ihnen und mir und Millionen anderer Menschen. Es geht ihm nicht um Reichtum, um Besitz und Bequemlichkeit, auch wenn er guten Wein und gutes Essen durchaus zu schätzen weiß. Es geht ihm um Macht. Wer ist schon der Fürst von Elba angesichts des Weltgeschehens? Ein bedeutungsloser Winzling, eine Marionette der Mächtigen. Napoleon aber will nicht an Fäden hängen, er will die Fäden ziehen. Er hat sich ja nicht damit begnügt, Schlachten zu schlagen. Er hat ja auch die ganze europäische Landkarte neu geordnet und dabei sogar wichtige Reformen durchgesetzt."

„Wie dem auch sei", der Arzt nahm unbeeindruckt einen tiefen Schluck. „Elba hat er ausgeschlagen. Jetzt kriegt der Mann St. Helena."

„Vielleicht gehören auch Unbelehrbarkeit und Selbstüberschätzung zu seinen Eigenschaften", meinte Maitland nachdenklich. „Denken Sie nur daran, wie er in Russland eingefallen ist, ohne die fürchterlichen Folgen eines Scheiterns zu bedenken. Dabei haben ihn seine Berater dringend davor gewarnt..."

Napoleons Eroberungen: Europa wird umgekrempelt

Eroberung des Kontinents

Ermutigt durch seine militärischen Erfolge strebte Napoleon ab 1799 die französische Vorherrschaft in Europa an. Rechtfertigen konnte er seine Feldzüge damit, dass die europäischen Mächte immer wieder die kriegerische Auseinandersetzung mit Frankreich suchten, weil sie hofften, dort nach einem Sieg die Königsherrschaft, die vor der Revolution von 1789 bestanden hatte, wieder einführen zu können.

Damit sahen sich die anderen europäischen Mächte einer neuen Bedrohung gegenüber: Nicht mehr das revolutionäre Frankreich mit seinen Ideen von Freiheit und Gleichheit gefährdete ihre Herrschaft, jetzt war es der eroberungslüsterne Napoleon, ein Emporkömmling, ein Niemand, der ihre Throne ins Wanken brachte und die regierenden Fürsten in ganz Europa bedrohte.

Dieser Napoleon schaffte es nach wie vor, seine französischen Soldaten begeistert hinter sich zu scharen. Ihnen war die Abwehr seiner Gegner nicht gewachsen.

Zunächst wurde Österreich besiegt, dessen Herrscher auch Kaiser des Deutschen Reichs war (Frieden von Lunéville, 1801, und Frieden von Pressburg, 1805). Viele deutsche Fürsten mussten daraufhin linksrheinische Gebiete abtreten. Dies führte schließlich zum Ende des alten

Deutschen Reichs. Auch Preußen musste sich dem französischen Heer unter Napoleon geschlagen geben und verlor fast die Hälfte seines Staatsgebiets, Preußens Verbündeter Russland wurde ebenfalls besiegt (1806/1807). Damit war als einziger gewichtiger Gegner England übrig geblieben, das seine Macht vor allem auf seine starke Marine stützte. Im berühmten Seegefecht vor Trafalgar (1805) musste Napoleon eine schwere Niederlage hinnehmen: Die französische Flotte wurde zerstört. Um England trotzdem in die Knie zu zwingen, versuchte Napoleon, eine „Kontinentalsperre"* einzuführen: Niemand durfte Waren nach England ausführen oder solche von dort importieren. Um das überall durchsetzen zu können, ließ er Spanien, Portugal und die Niederlande besetzen. In Spanien gab es

Dieses Gemälde von 1830 zeigt die Schlacht von Trafalgar 1805. (Stahlstich, koloriert, von Taylor nach Morel)

einen Aufstand gegen die Besatzer, den er unbarmherzig und blutig niederschlagen ließ. In vielen der eroberten Gebiete setzte er Verwandte oder Gefolgsleute als Herrscher ein. Seine Armeen füllte er mit gepressten oder gekauften Soldaten aus der Bevölkerung der eroberten Gebiete auf. Damit hatte er fast ganz Kontinentaleuropa unter französischer Kontrolle. Sein Ziel, England zu besiegen, erreichte er allerdings nicht. Die Engländer wurden seine erbittertsten Gegner, denn sie wollten das Ungleichgewicht auf dem Kontinent unter keinen Umständen hinnehmen.

Das Ende des alten Deutschen Reiches

Deutschland bestand aus zahllosen großen und kleinen Fürstentümern, Bistümern, Abteien, Reichsritterschaften und Reichsstädten, die alle für sich kleine selbstständige Herrschaftsgebiete waren. Formal war der österreichische Herrscher als deutscher Kaiser das Reichsoberhaupt. Nachdem Napoleon im Frieden von Lunéville 1801 alle linksrheinischen Gebiete für Frankreich annektiert hatte, plante er, die großen deutschen Fürsten für das, was sie dadurch verloren hatten, zu entschädigen, um sie als Verbündete zu gewinnen. Er veranlasste deshalb, dass alle geistlichen Herrschaftsgebiete (also die Gebiete der Bistümer und Klöster) ihre Selbstständigkeit verloren und großen weltlichen Fürstentümern zugeordnet wurden. Sie wurden also säkularisiert*. Kleine selbstständige Herrschaften wie Reichsritterschaften und Reichsstädte wurden den großen Fürstentümern einverleibt, in deren

Gebiet sie lagen, sie wurden also mediatisiert*. Bedeutende Fürstentümer wie Baden, Bayern oder Württemberg wurden dadurch insgesamt sogar vergrößert.

Zahlreiche Fürsten revanchierten sich dafür so, wie Napoleon es sich gewünscht hatte: Sie erklärten ihren Austritt aus dem Deutschen Reich, schlossen sich zum „Rheinbund" zusammen und erkannten Napoleon als ihren Schutzherrn an.

Der letzte deutsche Kaiser, Franz II., legte daraufhin 1806 die deutsche Kaiserkrone nieder und nannte sich von nun an Franz I. Kaiser von Österreich.

Damit war die Geschichte des Deutschen Reichs, das seit 1000 Jahren bestanden hatte, zu Ende und die europäische Landkarte hatte sich als Folge der napoleonischen Eroberungen radikal verändert. Darin lag und liegt die große Bedeutung Napoleons. Ganz gleich, ob man Säkularisation, Mediatisierung und das daraus folgende Ende des mittelalterlichen Deutschen Reichs positiv oder negativ bewerten will, die deutsche und die europäische Geschichte ist durch Napoleons Handeln wesentlich beeinflusst worden.

Kaiser Franz II., ab 1806 nur noch Kaiser von Österreich

Verloren in den Weiten Russlands

Etwa drei Jahre zuvor, Paris, im Arbeitszimmer Napoleons, im März 1812

Der Graf de Narbonne, Militärberater seiner Majestät des Kaisers Napoleon, sprang aus seinem Sessel auf und starrte seinen Herrscher wie gebannt an. Hatte diese ungezügelte Leidenschaft überhaupt noch einen Kern von vernünftiger Überlegung? Sprach man so mit einem erfahrenen Freund und Ratgeber? War der Mann da vor ihm ein Genie, der von seiner Begeisterung wie von einem Strudel mitgerissen wurde – oder war er ein Verrückter, der nicht mehr wusste, was er tat?

Begonnen hatte ihr Gespräch damit, dass der Graf Napoleon dringend abgeraten hatte, einen Krieg mit Russland zu riskieren.

„Setzen Sie nicht das Glück Frankreichs und nicht das Ihrer Dynastie* aufs Spiel, Sire", hatte er ihn beschworen. Der Kaiser hatte seine Einwände weggewischt.

„Ihre Bedenken sind überflüssig! Ein gewaltiger Schlag gegen sein geheiligtes Moskau wird das ganze barbarische, abergläubische Volk hilflos machen! Und der Zar? Der hat mir doch überhaupt nichts entgegenzusetzen!"

Nachdem er dem skeptischen Grafen wortreich erklärt hatte, warum ihn mit seinem gut gerüsteten Heer selbst die Größe des Russischen Reichs nicht schrecken könnte, steigerte sich Napoleons Monolog zu leidenschaftlicher Schwärmerei.

„Bin ich nicht auf demselben Weg wie Alexander der Große? Ist nicht auch er von weit her aufgebrochen und schließlich bis zum Ganges gelangt? Ich sage Ihnen, mein lieber Graf, ich werde die Russen hinwegfegen und von Moskau aus Asien aufrollen, bis nach Indien, und sobald dort nur ein französisches Schwert aufblitzt, wird auch das uns gehören!"

Narbonne wollte etwas einwenden, aber Napoleon streckte ihm abwehrend die Arme entgegen. Seine Augen wurden starr, als wären sie in unsichtbare Fernen in seinem Inneren gerichtet.

„Ich bin ein römischer Kaiser! Ich entstamme den Cäsaren, den besten von ihnen, die die Welt aus den Angeln gehoben haben! Ich habe Sieg über Sieg errungen, ich habe Frankreich befriedet, indem ich es bewaffnet habe, ich habe es vergrößert und verschönert und ich werde noch weit mehr leisten, ich werde weiter und weiter ziehen, ein unerhörter, nie da gewesener Triumphzug wird das sein und Paris wird die Hauptstadt der Welt werden!"

Die Starre in seinen Augen verlor sich, sein Blick richtete sich wieder auf sein Gegenüber. „Haben Sie gehört, Narbonne? Die Hauptstadt der Welt! Bleiben Sie mir vom Leib mit Ihren kleinlichen Bedenken!"

Der Graf fuhr sich müde mit den Händen übers Gesicht und schwieg. Der Feldzug nach Russland würde also stattfinden. Mit diesem Mann gab es nur alles oder nichts.

Kowno an der Memel, Litauen, Juni 1812

Und so hatte die Mobilmachung* begonnen. Alle Verbündeten hatten große Zahlen von Soldaten stellen müssen. Viele Tausende waren gewaltsam eingezogen worden, Sachsen, Bayern, Württemberger, Preußen, Österreicher, Tagelöhner, Handwerker, Bauernsöhne, junge Burschen meist. Man hatte sie nach Kowno in Marsch gesetzt, an die Westgrenze des Russischen Reichs, wo sich schließlich im Juni 1812 ein riesiges Heer versammelt hatte, um nach dem Willen des Kaisers in Russland einzufallen.

Abseits von den Quartieren, in der Nähe der langen Reihen von Latrinengräben, stand ein junger Infanterist* und starrte missmutig in die dunstige Weite jenseits des Flusses. Ein Sergeant*, der an ihm vorüberkam, hielt an und klopfte ihm wohlwollend auf die Schulter. „Na, Kerl, bläst du Trübsal? Nimm's nicht so schwer! Wirst schon sehen, es dauert nicht lang und du kannst wieder nach Haus, fett vom guten Essen, mit Beute bepackt und die Taschen voller Sold. Russland fällt in ein paar Monaten. Soll der kleine General jedenfalls gesagt haben und dann stimmt's."

Er senkte die Stimme, als er „der kleine General" sagte, denn niemand traute sich, den Kaiser der Franzosen und Herrn über fast ganz Europa so zu nennen. Angeblich verstand er keinen Spaß, was seine geringe Körpergröße betraf, und er sollte seine Spitzel überall haben. Dabei hatte es der Sergeant nicht abschätzig gemeint, eher voller Bewunderung. Dieser „kleine

General" war ein Sieger und er würde ihm begeistert überallhin folgen, anders als der missmutige Infanterist da. Ein bayrischer Bauernbursche war der und hatte die Uniform wohl nicht ganz freiwillig angezogen.

Der Sergeant grinste in sich hinein. So war es ihm selbst einst gegangen, warum sollte der Bursche es besser haben!

„Also, Kerl... wie heißt du eigentlich?"

„Josef. Gantner, Josef, Herr Sergeant."

„Also, Josef, tu, was man dir befiehlt, und wenn du am Feind bist, denk nicht lang nach, sondern halt drauf und schieß, verstanden?"

Er nahm das gehorsame „Jawohl, Herr Sergeant!" nickend entgegen und wandte sich ab. Nur nicht zu viel Mitgefühl zeigen, das war schlecht für die Disziplin.

Josef schüttelte die Gedanken an zu Hause ab. Was hatte er da schon zurückgelassen? 14, 16 Stunden Arbeit auf dem elterlichen Hof und einen kerngesunden Vater, der noch lang nicht ans Übergeben dachte. Nein, der Sergeant hatte recht, so schlimm würde es schon nicht werden. Außerdem – was sollte er machen? Morgen war Aufbruch, da half kein Jammern.

Am nächsten Tag, bald nach Sonnenaufgang, stand er, in seinen schweren Mantel gehüllt, bewaffnet und mit prall gefülltem Tornister inmitten seiner Kameraden vor den Quartieren in Kowno und wartete, bis sein Bataillon* das Zeichen zum Abmarsch erhielt.

Napoleons Krieg gegen Russland hatte begonnen. Josef wusste nichts weiter von Russland, außer, dass es weit gegen Sonnenaufgang lag und riesengroß sein sollte.

Obwohl er schon gehört hatte, welch gewaltige Zahl von Soldaten dem Kaiser Napoleon helfen sollte, das Reich des Zaren zu unterwerfen, wurde Josef von einer unerklärlichen Furcht befallen, als er die Menschenmassen sah, die sich an seinem Bataillon vorbei wie eine ungeheure, nicht enden wollende Lawine auf die Memel zubewegten. Was zählte da der einzelne? Wie gut, dass Männer neben ihm standen, die wie er waren, einfache Soldaten, die er seit Monaten kannte und die wie er nur tun mussten, was man ihnen sagte.

Napoleon hatte Anweisung gegeben, drei riesige Ponton-Brücken* über den Fluss zu schlagen. Dahin wälzte sich der gigantische Strom aus Menschen, Tieren, Wagen und Material.

Nach einer Vorhut von zwei Bataillonen, die den viele Meilen langen Zug sichern sollte, kam der Tross des Kaisers, vorneweg die sechsspännige Kutsche, in der der Herrscher selbst saß. Josef hatte ihn nur einmal von fern gesehen, hoch zu Pferd, in prächtiger Uniform. Aber jetzt, jetzt hätte er ihm gern ins Gesicht geschaut: Was dachte der Kaiser, bevor er in den Krieg zog? Ein zuversichtliches Lächeln, eine Siegesgeste, das hätte Josef gefallen. Aber er ließ sich nicht blicken, die Vorhänge an den Fenstern der Equipage* waren zugezogen.

Unter den Soldaten kursierten viele Gerüchte über das luxuriöse Leben des Kaisers, dass er ständig drei Köche bei sich hatte, nur den besten Wein trank und sich von einem halben

Dutzend Diener umsorgen ließ. Trotzdem kam Josef aus dem Staunen nicht heraus, als er sah, was der Kaiser alles mit in den Krieg nahm.

19 Wagen zählte er, die der kaiserlichen Equipage folgten, wofür waren die wohl? Für Kleider, Speisen, Getränke, eine Küche, eine Schlafkammer, einen Abtritt? Weiter reichte seine Fantasie nicht.

Dann kamen die Kutschen und die Versorgungswagen für die hohen Offiziere in endloser Reihe ...

„He, Kerl, was gibt's so blöd zu grinsen?"

Der Sergeant hatte ihn im Vorbeigehen angefaucht.

„Es hat mich was gejuckt, Herr Sergeant!"

Er konnte ja nicht gut sagen, dass er gerade an die zwei Decken und die Plane gedacht hatte, die in seinem Tornister steckten, und daran, dass sie in zwei Jahren noch nicht über die russische Grenze wären, wenn jedermann so viel Gepäck dabeihätte wie die hohen Herren!

Die Sanitätswagen waren jetzt an der Reihe, Josef spürte ein unangenehmes Kribbeln im Magen, auch wenn er noch nie einen von innen gesehen hatte. Man erzählte sich scheußliche Dinge von den Feldärzten. Metzger seien sie und außer Amputieren könnten sie gar nichts, und das noch nicht einmal richtig.

„Achtung, Männer!"

Die Sergeanten und Leutnants brüllten ihre Kommandos, das Bataillon formierte sich, Major und Hauptleute trabten auf ihren Pferden heran, ihre Uniformen glitzerten in der Morgensonne. Abmarsch!

Jetzt gab es kein Nachdenken mehr, kein Beobachten. Josef sah nicht mehr die Herden Schlachtvieh, die hinter ihnen hergetrieben wurden, nicht die tausend Fuhrwerke, die unter der Last der tonnenschweren Artilleriegeschütze ächzend voranrollten, nicht die Schmiede und Zimmerleute mit ihren Karren voller Material und Werkzeug. Jetzt gab es nichts mehr als Marschieren, Marschieren! Der kaiserliche Feldherr hatte die Parole ausgegeben und dafür gesorgt, dass sie bis zum letzten

Mann jeder erfuhr: Den Feind so schnell wie möglich stellen und vernichtend schlagen, dann würde die Macht des Zaren zusammenfallen wie ein Kartenhaus. Also voran, in Eilmärschen nach Osten!

Und die Bataillone marschierten, unter ihnen der Gantner Josef aus einem Dorf bei Murnau, der nichts weiter wusste, als dass es immer weiter gegen Sonnenaufgang ging.

Viele Wochen vergingen. Sie hatten vom Feind noch nicht allzu viel gesehen, nur ein paar kleine Scharmützel mit wenigen Toten und kaum Verletzten hatte es gegeben. Und doch schien es dem Gantner Josef, als würde er durch die Hölle gehen. Von seinen Bataillonskameraden lebten nicht einmal mehr zwei Drittel und die sich weiter von Meile zu Meile schleppten, waren krank, kraftlos und halb verhungert.

Nach wenigen Tagen setzten schwere Regenfälle ein. Unerbittlich prasselten die Wassermassen auf die marschierenden Soldaten, Straßen verwandelten sich in Schlammgruben, Bäche in reißende Ströme. Hunderte Männer und Pferde ertranken, wenn es irgendein Flüsschen zu überqueren galt, das man normalerweise zu Fuß durchschreiten konnte.

Weiter, immer weiter, hatte der Kaiser befohlen, im Eiltempo! Den Feind stellen, niederwerfen und dann: Auf die Hauptstadt zu, auf Moskau! Die Stadt einnehmen und auf ihren Türmen die Tricolore* hissen – das Ende der Zarenherrschaft!

Aber das russische Heer, ob aus Furcht oder Schwäche oder

taktischer Überlegung, wich einer Schlacht aus und stellte sich nicht. Umso unerbittlicher trieben die Kommandeure ihre Mannschaften an, durch peitschenden Regen, durch schwere Gewitter, in denen das Wasser niederfiel wie eine Wand und man keine zehn Schritt weit sehen konnte.

Mäntel, Jacken, Wäsche, alles war triefend nass und wurde nie mehr trocken und nachts lagen die Männer zitternd vor Kälte unter ihren Planen und Decken, bis die Erschöpfung sie für kurze Zeit einschlafen ließ.

Dann ließ der Regen nach und an seine Stelle trat mörderische Hitze: Zwölf Stunden brannte die Sonne auf die Männer nieder und trieb ihnen den Schweiß aus den Poren.

Doch es gab noch Schlimmeres als Kälte und Hitze. Dem Versorgungstross waren sie inzwischen viele Meilen weit voraus, Mehl und Fleisch wurden deshalb knapp. Das karge Land gab nicht genügend her, um die Soldatenmassen richtig zu ernähren. So schleppten sie sich mit leeren Mägen vorwärts und wehe dem Gutshof oder dem Dorf, das ihnen im Weg lag! Jedes Haus wurde geplündert bis auf das letzte Huhn und den letzten Brotkanten, die Bewohner wurden niedergemacht und was man nicht mitnehmen konnte, brannte man nieder.

Wein, Bier und Trinkwasservorräte, die die Truppen mit sich geführt hatten, waren bald verbraucht. So mussten die Männer ihren Durst mit den Resten des Regens stillen. Sie schöpften es aus schmutzigen Pfützen und Lachen, aus vollgelaufenen Gräben und sumpfigen Wiesen. An Branntwein, um es genießbar und gefahrlos zu machen, fehlte es aber, so schlürften sie es, wie sie es fanden. Da brach nach kurzer Zeit die Ruhr* unter ihnen aus und verbreitete sich mit rasender Schnelligkeit.

Zu Tausenden hockten die Soldaten am Straßenrand und entleerten, von furchtbaren Krämpfen gepeinigt, ihre Därme, immer und immer wieder. Unzählige brachen dabei irgendwann zusammen und blieben liegen, bis sie vor Entkräftung starben.

An einem Abend Anfang August saß Josef, der Infantcrist aus Bayern, mit zwei Kameraden am flackernden Feuer beisammen. Auch er hatte die Ruhr gehabt; er hatte sie überstanden, aber so, wie er aussah, mager, hohlwangig und verdreckt, hätten ihn wohl seine eigenen Eltern kaum erkannt.

Am Tag zuvor war endlich ein kleiner Versorgungstross zu ihnen gestoßen und hatte sie mit Zwieback, Käse und vor allem mit einem ordentlichen Vorrat an Branntwein versehen. Wer das Zeug unverdünnt hinuntergoss, der spuckte es bald wieder aus, denn Krankheit und Hunger bewirkten, dass ihre Mägen gegen den scharfen Schnaps rebellierten. Aber mit Wasser verdünnt konnte man ihn genießen und er bewirkte, dass sich ein lange vermisstes Wohlgefühl im Leib ausbreitete und die Sinne angenehm benebelt wurden. Außerdem machte er mutig und ließ einen Dinge aussprechen, die man sonst tief in seinem Innersten verborgen hielt.

„Wie viele von unserm Bataillon sind verreckt inzwischen?", murmelte einer, ein Langer, Dünner, der aus Hessen-Nassau kam.

„Weiß nicht", gab ein anderer zurück, der Schöberl Andreas, der wie Josef aus Bayern stammte. „Ich glaub, sie zählen nur die Pferde."

„Gibt's das?", erregte sich der Nassauer. „Gibt's das, dass ein Vieh mehr zählt als ein Mensch?"

Er boxte Josef in die Seite. „He, sitz nicht bloß da und glotz ins Feuer! Sag was! Ist das in Ordnung, dass ein verdammtes Pferd mehr zählt als ein Mensch?"

Josef zuckte die Achseln. „So ist das halt. Wenn zwei Bauern zwei Pferde haben und eins verreckt, das ist schlimm. Wenn einer von den Bauern verreckt, dann hat der andere zwei Pferde und kann sich freuen."

Der aus Nassau stieß einen langen Fluch aus, dann senkte er die Stimme. „Lass uns abhauen!"

„Was, jetzt noch?", fragte Josef erstaunt. „Gleich ist Zapfenstreich*. Außerdem – wohin willst du hier schon gehen?"

„Nicht jetzt, nicht so! Abhaun für immer!"

„Du meinst desertieren?" Unwillkürlich hatte Josef die Stimme gehoben.

„Reiß das Maul nicht so weit auf!", zischte der Nassauer. „Willst du eine Kugel in den Kopf?"

Eine Zeit lang schwiegen sie. Abhauen! Weg von dem Hunger, dem Gestank, der Angst vor dem, was morgen kam. Aber wohin? Wohin in diesem riesigen flachen Land, in dem es keine Begrenzung, keine Nähe, kein Ziel gab, nur Weite und Kälte und Hitze und Regen und Staub?

„Abhauen hat keinen Zweck", murmelte Josef. Der Andreas nickte zustimmend. „Entweder sie kriegen dich oder du krepierst irgendwo da draußen." Er deutete vage in die Dunkelheit.

Der Nassauer sagte nichts mehr. Aber am nächsten Morgen war er weg.

Sie sahen ihn nie wieder.

Aber wie es ihm auch ergangen war – er hatte wohl das Richtige getan. Denn das, was sie bisher erlebt hatten, war nur ein Spaziergang gewesen im Vergleich zu dem, was sie jetzt durchmachen mussten.

Mitte August gelangten sie vor die Stadt Smolensk. Dort trafen sie zum ersten Mal auf ein großes russisches Heer.

Napoleons Artillerie rannte mit aller Macht gegen die Mauern der Stadt, die Infanterie lieferte sich überall im Umland mit den Russen erbitterte Gefechte. Bataillon gegen Bataillon, Mann gegen Mann, Gewehr gegen Gewehr, Bajonett gegen Bajonett.

Dort tötete auch der Gantner Josef aus Bayern, der bisher nur Hühner, Schweine und ab und zu einen Ochsen vom Leben zum Tod befördert hatte, andere Menschen, von denen es hieß, sie seien seine Feinde. Männer, die ihm nie zuvor begegnet waren, schoss oder stach er nieder und kam nicht dazu, sich zu wundern, warum ihn selbst keine Kugel und kein Hieb niederstreckten.

Am Abend stand ein großer Teil der Stadt in Flammen.

Aber die Russen gaben nicht auf. Immer wieder griffen sie an, in kleinen, schnellen Einheiten, und auf beiden Seiten starben die Soldaten zu Tausenden.

Zwei Tage lang kämpften die Soldaten Napoleons, schossen, luden, schossen wieder, zogen blank, rückten vor, folgten blindlings den Befehlen ihrer Feldwebel und Hauptleute.

Der Rauch und der Gestank, das Geschrei der Kämpfer und der Verwundeten, das Klirren von Metall, das Gebrüll der Kanonen betäubten und verwirrten die Sinne, irgendwann war es nur noch die Farbe eines Waffenrocks, die über Leben und Tod entschied.

Endlich, nicht lang vor Morgengrauen des dritten Tags, zog die Armee des Kaisers in die zerstörte Stadt ein. Unter ihnen war der Gantner Josef. Was er und seine Kameraden vorfanden, war entsetzlich: Tausende von verkohlten Leichen, dazu Unzählige von Kranken, Verwundeten und Sterbenden. Und wenn sie gehofft hatten, Lebensmittel zu finden, um ihren nagenden Hunger zu stillen, wurden sie bitter enttäuscht: Was nicht dem Feuer der Artillerie zum Opfer gefallen war, hatten die Russen selbst verbrannt und sich in Eilmärschen zurückgezogen.

Wie durch ein Wunder war auch der Schöberl Andreas am Leben geblieben. Im Chaos der Schlacht hatten sie einander aus den Augen verloren.

Doch am Morgen, als Josef wie Hunderte anderer durch die von Rauch und beißendem Gestank erfüllten Gassen von Smolensk stolperte, um irgendetwas Essbares aufzutreiben, rief ihn einer an, genauso abgemagert und verdreckt wie er selber: „He, Josef, bist du's? Haben dich die Krähen also doch noch nicht gefressen?"

Mit hohlwangigem Grinsen gingen sie aufeinander zu – und fielen sich dann plötzlich in die Arme wie ein Liebespaar nach langer Trennung.

Auf den Treppen einer rauchgeschwärzten Ruine ließen sie sich nieder, für den Augenblick der Aufsicht ihrer Korporale entkommen, und teilten, was sie noch mit sich trugen: einen Rest Branntwein der Josef, ein paar Zwiebäcke der Andreas.

„Wir hätten es machen sollen wie der Nassauer", sagte Andreas und tröpfelte sich etwas Branntwein in den Mund, um das steinharte Dauerbrot weicher und schmackhafter zu machen. „Vielleicht können wir das immer noch."

„Abhauen?" Josef schüttelte den Kopf. „Wohin denn? Hast du eine Ahnung, wo wir sind? Ich wüsste nur, dass wir in Richtung Sonnenuntergang laufen müssten, um heimzukommen. Außerdem würden wir verhungern und verdursten. Keiner hier gibt uns was, verstehst du? Jeder ist unser Feind und von der seltsamen Sprache, die sie hier reden, verstehen wir kein Wort. Kannst du einem sagen: ,Hör zu, du Russe, wir sind nicht dein Feind. Wir sind bloß hier, weil uns die verdammten Franzosen gezwungen haben?' "

Josef spuckte aus.

„Pass auf, du Russe, vergiss einfach, dass wir Städte und Dörfer niedergebrannt haben. Gib uns bloß ein bisschen Schnaps und Brot und einen Platz im Stadel. Und dann zeig uns noch den Weg nach Haus. Könntest du das sagen, Andi?"

Er schwieg eine Weile. Als keine Antwort kam, fuhr er fort: „Dieses Land ist groß, so unvorstellbar groß. Es gibt bloß einen Weg, wieder nach Hause zu kommen: Der Franzosenkaiser muss den Rückzug befehlen. Dieses riesige Land kann man nicht besiegen. Das ist, als ob du einen steinigen Acker mit der bloßen Hand pflügen willst."

Er schlug seinem Freund auf die Schulter.

„Komm, wir gehen ins Quartier. Vielleicht ist inzwischen Nachschub eingetroffen und wir kriegen was in den Magen."

Smolensk, Hauptquartier des Kaisers, am 18. August 1812
Mit weit ausgreifenden Schritten marschierte Napoleon im Empfangssaal des Palastes, den er für sich requiriert hatte, hin und her. Wegen seiner kurzen Beine glich das eher einem Hüpfen, was so gar nicht zur Würde seiner prächtigen Uniform passen wollte. Falls einer der versammelten Generäle das komisch fand, ließ er sich das jedenfalls nicht anmerken. Vielmehr standen sie alle vor einem großen Tisch und starrten ausdruckslos auf die Karten, die darauf ausgebreitet waren.

„Wollen Sie mir im Ernst raten, meine Herren, jetzt den Zauderer zu spielen? Nur weil einmal etwas nicht glattgeht? Nachdem wir nahezu ganz Europa erobert haben? Glauben Sie, die Welt akzeptiert einen Bonaparte, der sich irgendwo niederlässt und seine Wunden leckt? Dem es mal zu heiß und mal zu kalt ist? Mal zu nass und mal zu trocken? Der dem Gegner Zeit lässt, seine Kräfte zu sammeln? Ich sage Ihnen, meine Herren, wenn ich jetzt zögere, dann wird die Welt das als Schwäche deuten und die Folgen werden fürchterlich sein! Wollen Sie mir also raten, Schwäche zu zeigen?"

Napoleon stoppte seinen Marsch und starrte seine Generäle mit funkelnden Augen an. Die meisten senkten den Blick. Aber Generalintendant Daru ließ sich nicht einschüchtern. Er war für den gesamten Nachschub verantwortlich und dementsprechend gewichtig waren seine Argumente. Außerdem war er ein erfahrener alter Haudegen, der selbst schon so manches Gefecht bestanden hatte.

„Sire, erlauben Sie mir zu bemerken: Eine vorgetäuschte Stärke verschlimmert nur den Zustand der Schwäche. Wir haben bereits ein Drittel unserer Mannschaft durch Krankheit, durch Hunger, durch Gefechtsverluste und durch Desertion* verloren. Für die Übriggebliebenen ist die Versorgungslage katastrophal! Bitte bedenken Sie, Sire, dass wegen unseres raschen Vormarsches der Versorgungstross schon viele Tagesmärsche von uns entfernt ist. Dass es uns an Pferden mangelt, um unsere Artillerie fortzubewegen, dass dieses jämmerliche, arme, unterentwickelte Land unsere Truppen nicht ernähren kann. Und überhaupt, Sire, was soll dieser mühsame und entbehrungsreiche Feldzug unserem Vaterland überhaupt nützen? Sire, ich beschwöre Sie: Brechen Sie ihn ab! Befehlen Sie den Rückzug, so lange es noch nicht zu spät ist!"

Napoleon war während der Rede Darus von Augenblick zu Augenblick ungeduldiger geworden. Jetzt stieß er mit einem Fuß auf und seine Fäuste ballten sich, während er fast schreiend antwortete: „Was ist los mit Ihnen, Daru? Haben Sie Ihre Courage verloren, nur weil wir ein paar Schwierigkeiten überwinden müssen? Haben Sie schon vergessen, was hinter uns liegt? Haben Sie Austerlitz vergessen? Haben Sie Jena und Auerstedt vergessen? Haben Sie vergessen, dass ich Sie von Sieg zu Sieg geführt habe, Daru?"

Daru nutzte die Pause, die Napoleon benötigte, um Luft zu holen. „Nein, mein Kaiser, ich habe nichts davon vergessen, aber dieses Land..."

Napoleon unterbrach ihn mit einer heftigen Handbewegung. „Dieses Land... dieses Land...! Dieses Land wird regiert von einem verweichlichten Schwächling! Wir brauchen nichts als eine große Schlacht und einen schnellen Sieg, dann wird Zar Alexander in die Knie gehen und uns den Schlüssel von Moskau auf einem goldenen Tablett servieren."

Graf Narbonne wagte noch einen Einwand. „Aber Sire, Sie kennen doch die russische Strategie..."

Wieder die unwirsche, fast verächtliche Handbewegung.

„Lehre mich keiner, die Strategie meiner Gegner einzuschätzen! Ich will nichts mehr hören, meine Herren! Die Würfel sind gefallen, der Feldzug wird fortgesetzt! Ein Sieg vor Moskau wird die Wende bringen!"

Grußlos stapfte der Kaiser aus dem Zimmer. Die Generäle schauten sich ratlos an und zuckten die Achseln.

Narbonne war es, der aussprach, was alle dachten: „Er hat den Bezug zur Realität verloren und sich in seine Illusionen verrannt. Machen wir uns alle auf das Schlimmste gefasst!"

Wilna in Litauen, im Dezember 1812

Auf einem Feld vor den Mauern der Stadt hockte ein Soldat auf dem nackten Boden, an den Stamm einer kahlen Weide gelehnt und starrte in das quirlende Wasser eines Bächleins, das zu seinen Füßen vorüberfloss.

Es war der Gantner Josef aus Bayern. Er war in einem erbarmungswürdigen Zustand. Seine Uniform, an vielen Stellen zerrissen, starrte vor Dreck, aus seinen aufgeplatzten Stiefeln sahen die bloßen Füße hervor, einige Zehen waren aufgequollen und blaurot verfärbt. Waffen hatte er keine

mehr bis auf ein Seitengewehr, das nachlässig in seinem Gürtel steckte. Sein Gesicht war ausgezehrt und so blass, dass die rot geränderten Augen darin angemalt wie die eines Hanswursten wirkten. Statt des Hutes hatte er ein altes Tuch um den Kopf gewickelt, dessen rostrote Flecken verrieten, dass es als Wundverband diente.

Der Wind blies eisig über die Ebene und ließ ihn zittern vor Kälte, aber er stand nicht auf. Stattdessen presste er den Tornister gegen den Leib, als ob der ihn wärmen könnte.

Nicht einmal die Angst vor den Kosaken*, die den Resten seines Regiments bis hierher an die Westgrenze des Russischen Reichs gefolgt waren, konnte ihn aus seiner Starre lösen. Er war in einem Zustand der Erschöpfung, der ihn vollkommen gleichgültig machte. Hätten ihn jetzt ein paar feindliche Reiter ausgemacht, er hätte nicht einmal die Hand zur Abwehr erhoben, wäre, durch ein Wunder Gottes, seine Mutter ihm mit ausgebreiteten Armen entgegengetreten, er hätte sich nicht aufgerafft.

Vor Schwäche glitt er zur Seite, bis er flach auf dem Boden lag. Einen köstlichen Augenblick lang glückte es ihm, sich ein weiches, warmes Federbett vorzustellen. Die Sekunde des Wohlgefühls weckte einen Rest Kraft in ihm, denn sie ließ ihn Nässe und Kälte doppelt peinigend empfinden. Mühsam richtete er sich auf; er erhob sich schwankend und sah zum Lager hinüber, ein paar Hundert Schritt von ihm entfernt, wo ein paar Tausend Soldaten kampierten, zerlumpt und halb verhungert wie er. Das waren alle, die noch übrig geblieben waren von dem riesigen Heer, das vor kaum einem halben Jahr nicht weit von hier an der Memel aufmarschiert war, um das Reich des Zaren für Napoleon, den Kaiser der Franzosen, zu erobern.

Nach der Einnahme von Smolensk waren sie weitermarschiert, Meile um Meile, erbarmungslos angetrieben von ihren Offizieren.

Nachschub gab es kaum, sodass die Nahrung streng rationiert war und kaum reichte, dass die erschöpften Truppen sich auf den Beinen halten konnten. In ihrer Not und auch, weil ihnen jede Scham abhandengekommen war, plünderten sie, was ihnen in den Weg gekommen war. So hatten sie den Hass der Bevölkerung weiter geschürt und immer wieder hatte es Angriffe kleiner, beweglicher Reitertrupps gegeben. Kosaken nannten sich diese Reiter, die keine Furcht zu kennen schienen. Wer ihnen in die Hände fiel, der war verloren.

Endlich, als die erschöpften Soldaten Moskau schon fast erreicht hatten, bei einem Nest namens Borodino, hatte sich ihnen ein großes russisches Heer entgegengestellt. Seltsam, Josef hatte später kaum mehr Erinnerungen an die Schlacht, er sah nur reglose Männer mit verrenkten Leibern und Pferde mit aufgerissenen Bäuchen vor sich und er roch den Gestank von Schießpulver und Blut.

Am Ende hieß es, Napoleon habe gesiegt. Aber wer konnte schon sagen, ob das stimmte, wenn die Toten auf beiden Seiten nicht mehr zu zählen waren. Jedenfalls hatte, als endlich die Waffen geschwiegen und das russische Heer sich zurückgezogen hatte, der kleine Kaiser überallhin Boten gesandt: Nun sei der Weg nach Moskau frei, dort gebe es alles im Überfluss, dort könne jeder Soldat im Luxus schwelgen.

Was sie aber vorfanden, war eine brennende Stadt, aller Vorräte beraubt, von ihren Bewohnern verlassen. Durst, Hunger und Verzweiflung gab es im Überfluss, aber sonst nichts. Und niemand dachte daran, den Kaiser der Franzosen als Sieger willkommen zu heißen ...

Im Oktober hatte Napoleon endlich, endlich den Befehl zum Rückzug gegeben. Ohne Ziel vor Augen, von allem Nachschub abgeschnitten, hatten sich die Reste der Armee nach Westen bewegt, vorangetrieben nur noch von einem Wunsch: Weg aus diesem Land!

Mit jedem Tag wurden Zusammenhalt und militärische Ordnung geringer. Ständig wurden die Männer bedrängt von der russischen Armee, die ihnen auf den Fersen folgte und immer wieder heftige Gefechte lieferte. Und wieder starben zahllose, durch Kugeln und Bajonette, durch Wundbrand und Seuchen, durch Hunger und Erschöpfung.

Aber dennoch waren es immer noch 50 000 Soldaten, die am Ende des Novembers an die Beresina gelangten. Auf dem Hinmarsch war das ein Flüsschen gewesen, ohne Probleme mit Pontons zu überbrücken, sogar zu Fuß ohne Gefahr zu durchqueren. Doch jetzt traf das Heer des Kaisers auf einen reißenden Fluss, der, aufgeschwollen von den Regengüssen des Herbstes, sein Bett um ein Vielfaches verbreitert hatte. Es war unmöglich, ihn zu durchwaten. Tückische Strömungen hätten Männer und Pferde von den Füßen reißen und auf den eisig kalten Fluten treibende dicke Eisschollen sie tödlich verletzen können. So wälzte sich das Heer der Erschöpften langsam flussaufwärts, an eine Furt heran, an der die Beresina flach genug für den Bau von Behelfsbrücken war.

Ein paar Regimenter nur blieben zurück. Sie sollten, unter Einsatz ihres Lebens, die russische Armee aufhalten, während ihre Kameraden die Übergänge errichteten. Doch russische Kundschafter hatten bald entdeckt, was die Soldaten Napoleons planten. In Eilmärschen rückten russische Verbände an. Und gerade, als die ausgepumpten, erschöpften und frierenden Männer in endloser Reihe die Brücken überquerten, eröffneten sie das Feuer. Josef Gantner wusste nicht mehr, wie er selbst es geschafft hatte, die andere Seite zu erreichen. Irgendwann rollte er von einem schwankenden Ponton ins eisige Wasser. Und, als er schon glaubte, ertrinken zu müssen, spürte er Grund unter den Füßen und stemmte sich ans Ufer. Er und Tausende andere schleppten sich weiter, bis nach Wilna, immer in der Hoffnung, auf verbündete Truppen und auf eine Versorgungseinheit zu treffen – vergeblich. Wo Andreas, sein Kamerad, geblieben war, wusste er nicht, er hatte ihn nicht mehr gefunden. Später gab es ein Gerücht: 20 000 seien an der Beresina gestorben.

Schwankend erhob sich Josef, der Soldat aus Bayern, und wankte auf das Lager zu. Vielleicht ließ sich doch irgendwo noch ein Schluck Branntwein auftreiben!

Doch schon nach ein paar Schritten sprengte ein Kundschafter an ihm vorbei. „Lauf zu, Kerl", schrie er, hob sich aus dem Sattel und deutete nach hinten.

„Die verfluchten Kosaken! Es dauert keine Stunde, dann sind sie hier!"

Der Gantner Josef versuchte, seinen Gang zu beschleunigen. Erst wurde nur ein mühsames Humpeln daraus, dann ein wankender Trott, dann ein fast gleichmäßiger Dauerlauf. Plötzlich, er wusste nicht, wie, war sein Lebensmut neu erwacht und er biss die Zähne zusammen. Der Teufel sollte die Kosaken holen! Er hatte es bis hierher geschafft, er würde es auch bis nach Hause schaffen!

Die Maske fällt

Vom Revolutionär zum Kaiser

Als radikaler Revolutionär hatte Napoleon begonnen. Er hatte 1793 sogar eine Abhandlung veröffentlicht, in der er seine revolutionäre Gesinnung darlegte, was ihm bei seinem raschen Aufstieg in der Armee sehr behilflich war. Nach seinem Staatsstreich hängte er seinem neuen System immerhin noch das Mäntelchen der Demokratie um: Er war zwar „Erster Konsul", hatte aber noch zwei Mitkonsuln (die freilich nichts zu sagen hatten). Es gab zwar noch ein Parlament („Volksversammlung"), das aber keine Gesetzesvorschläge einbringen durfte. Das Volk konnte zwar Parlamentsabgeordnete wählen, aber nur solche, die vorher die Erlaubnis zur Kandidatur erhalten hatten. Alle hohen Staatsbeamten ernannte Napoleon persönlich, ebenso die Richter.

Dass er sich als Alleinherrscher fühlte, zeigte sich im Jahr 1802: Mittels einer propagandistisch* sorgfältig vorbereiteten Volksabstimmung ließ er sich als Konsul auf Lebenszeit bestätigen und sicherte sich das Recht, seinen Nachfolger selbst zu bestimmen. Damit war Frankreich praktisch wieder eine Monarchie. Die Franzosen folgten ihm bereitwillig bei seinen Plänen – war er es doch, der Frankreich zur ruhmreichsten und mächtigsten Nation Europas, wenn nicht der Welt machte! Als Napoleon daher 1804 darüber abstimmen ließ, ob er nicht den Kaisertitel führen sollte, stimmte die überwältigende Mehrheit der Franzosen zu.

Noch im selben Jahr setzte er sich in der Pariser Kathedrale Notre-Dame selbst die Kaiserkrone auf: Die Maske war gefallen, der angebliche Revolutionär hatte sich als überzeugter Herrscher von Gottes Gnaden erwiesen. Typisch für einen machtverliebten Herrscher war auch sein ausgeprägter Nepotismus*. Überall in den eroberten Gebieten setzte er Verwandte oder enge Vertraute als Fürsten ein, selbst wenn sie unfähig waren, um nur ja alles unter Kontrolle zu behalten.

Ausschnitt aus dem berühmten Gemälde von J. L. David, gemalt 1806

Napoleon als Reformer

Der Herrscher der Franzosen war nicht nur ein draufgängerischer und überaus begabter Feldherr, nicht nur ein rücksichtsloser Machtmensch, sondern auch ein tatkräftiger und ideenreicher Politiker. Er setzte Reformen durch, die Frankreich modernisierten und teilweise bis heute seine Struktur bestimmen.

Das ganze Land wurde zentralisiert: Aus Paris erhielten die Präfekten der Départements* ihre Anweisungen, diese gaben sie an die Unterpräfekten der Arrondissements* weiter, die ihrerseits die Gemeindebürgermeister überwachten. So hatte der Apparat des Herrschers in Paris alles unter Kontrolle. Viel Geld wurde in den Straßenbau und in den Ausbau des Kanalsystems für den Warentransport investiert, damit wurde die Wirtschaft angekurbelt.

Die aus der Revolutionszeit stammende Schikane von Adel und Geistlichkeit wurde beendet, das stellte den inneren Frieden wieder her.

Die vielleicht wichtigste Reform war die Einführung eines neuen bürgerlichen Gesetzbuches, des Code Civil*, das zum Vorbild für ganz Europa wurde. Es garantierte die Freiheit der Person, verbot also die Leibeigenschaft, und sicherte die Gleichheit aller vor dem Gesetz zu; es erlaubte die ungehinderte wirtschaftliche Betätigung und schützte das Privateigentum. Schließlich förderte Napoleon die Gleichberechtigung der Bürger jüdischen Glaubens.

Politische Freiheitsrechte gab es allerdings nicht: Das

„Wahlrecht" bestand nur aus der Bestätigung vorbestimmter Kandidaten, die Presse wurde schärfstens zensiert, Versammlungen waren verboten. Auch gab es ein ausgeklügeltes Spitzelsystem; wer den Mund zu weit aufmachte, riskierte sein Leben.

Auf diese Weise schuf Napoleon einen straff organisierten, modern verwalteten Staat, der die Bürger wirtschaftlich förderte. Von Demokratie und Meinungsfreiheit war nicht die Rede.

Für die innere Organisation der Rheinbundstaaten (s. o.) wurden Napoleons Reformen zum Vorbild.

Giftanschlag an Bord

An Bord der „Bellerophon", im Atlantik, August 1815
Der Schiffsarzt rieb sich nachdenklich die Schläfen. „Immerhin, einen schier unglaublichen Mut kann man diesem Franzosen nicht absprechen. In dieses riesige, unüberschaubare Land einzufallen, das heißt doch wahrhaftig, in die Höhle des Löwen einzudringen..."
Der Kommandant war skeptisch. „Mut, ja, gewiss. Aber – was sollte ihm schon passieren, inmitten seines Kokons* von Leibwächtern, immer ein ordentliches Stück von der Front entfernt? Klar, eine verirrte Kanonenkugel hätte ihn treffen können, aber sonst? Er wäre höchstens gefangen genommen worden und dann hätte man ihn behandelt wie ein rohes Ei, so, wie wir ihn jetzt behandeln. Vergleichen Sie das mal mit sich selbst, John, wenn Sie unter Deck einem schreienden Verwundeten das Bein amputieren, während eine 18-Pfünder-Kugel in die Bordwand kracht und direkt neben Ihnen ein Blutbad verursacht – da ruhig zu bleiben und seine Pflicht zu tun, das nenn ich Mut!"
„Den Mut der Verzweiflung", entgegnete der Schiffsarzt.
„Mag sein. Aber wie auch immer, Hunderttausende sind gefallen in Russland, doch er hat es überlebt. Und was das ganze Unternehmen betrifft... Sehen Sie mal, John, wenn ich mit meiner Fregatte einem Linienschiff* in die Quere komme und

ich nehme nicht Reißaus, sondern mache klar Schiff zum Gefecht, obwohl es doppelt so groß ist, dann ist das mutig von mir. Weil ich nämlich glaube, es mit Schnelligkeit besiegen zu können. Wenn ich mein Schiff aber in das Feuer einer Hafenbatterie führe, gegen die ich nicht den Hauch einer Chance habe, dann ist das nicht mutig, sondern maßlos dumm. Und so ist das mit dem Russlandfeldzug."

„Aber er hätte es doch schaffen können, Sir, wenn…"

Der Doktor wurde von lautem Klopfen unterbrochen. Ohne die Erlaubnis des Kommandanten abzuwarten, stürmte ein junger Offizier herein.

„Entschuldigen Sie, Sir, aber…"

„Schnaufen Sie erst mal durch, Mr Derrick!" Der Kapitän lächelte seinen Dritten Offizier wohlwollend an. „Was gibt's denn? Ist etwa ein Feind in Sicht?"

Der junge Mann ging auf den Scherz nicht ein. „Der Froschfresser*, Sir!"

„Sie meinen Seine Majestät, den Kaiser Napoleon?" Milder Tadel lag in der Stimme Maitlands. „Was ist mit ihm?"

„Ich glaube, er stirbt, Sir!"

Maitland sprang auf. „Reden Sie keinen Unsinn, Mann! Was ist denn los?"

„Mit Verlaub, Sir! Er kotzt sich die Seele aus dem Leib, Sir!"

Erleichtert ließ sich der Kommandant auf seinen Stuhl zurückfallen. „Ach so! Die Seekrankheit hat ihn gepackt!"

Hartnäckig schüttelte der junge Mann den Kopf. „Nicht die Seekrankheit, Sir. Er krümmt sich vor Schmerzen und hat schreckliche Krämpfe, Sir. Er behauptet, man hätte ihn vergiftet, Sir."

Natürlich nicht die Seekrankheit. Die See war glatt wie ein Spiegel. Ob der Franzose simulierte, um ihn zur Umkehr zu zwingen? Zuzutrauen wär's ihm. Aber wenn er wirklich vergiftet worden war und starb... Das perfide England, würde die Welt sagen. Es schämte sich nicht, seinen wehrlosen Feind auf so hinterhältige Weise zu töten. Admiralität und König würden den Kommandanten erbarmungslos vors Kriegsgericht bringen, der ihnen das angetan hatte.

„Dr. Ferguson!"

„Sir!" Der Arzt erhob sich und nahm Haltung an.

„Kümmern Sie sich um Seine Majestät, den Kaiser!"

„Jawohl, Sir!"

„Und, John!" Der Arzt, schon an der Tür, wandte sich noch einmal um. „Sir?"

„Tun Sie für ihn, was Sie können. Es ist ungeheuer wichtig!"

Der Arzt nickte ernst und verschwand.

Maitland ballte die Fäuste und zwang sich zur Ruhe. Vor allem hieß es jetzt, klaren Kopf zu bewahren. „Mr Derrick, die Mannschaft soll an Deck antreten. Nur die Wache vor den Unterkünften der Begleiter des Kaisers bleibt auf dem Posten. Die Bootsleute und Offiziere werden jeden einzelnen Mann verhören, ich will wissen, was jeder einzelne in jeder Minute seit Beginn der Morgenwache gemacht hat, verstanden?"

„Aye-aye, Sir!"

„Und ich will jeden Mann benannt haben, der irgendwie Zugang gehabt haben könnte zu dem, was Napoleon gegessen und getrunken hat, klar?"

„Aye, Sir!"

„Die Offiziere sollen mit den Verhören beginnen, ich komme später dazu. Und jetzt los, Mr Derrick!"

Während der Leutnant davoneilte, stürzte Maitland den Inhalt seines Glases hinunter. Dann ging er in die Achterkajüte, um nach dem Kranken zu sehen.

Der Arzt war schon bei ihm und ließ gerade eine Anzahl Tropfen in ein Glas fallen. Napoleon röchelte und hatte eine ungesunde Röte im Gesicht. Er beugte sich über eine Blechschüssel, die er mit beiden Händen umkrampfte. Immerhin ging es ihm nicht so schlecht, dass er den Kapitän nicht ankrächzen konnte: „Man hat mich vergiftet! Perfide Engländer! Man kann ihnen nicht trauen! Aber die Welt soll es erfahren!"

Maitland warf dem Arzt einen raschen Blick zu, der nickte beruhigend.

„Sire, ich versichere Ihnen, ich werde alles tun ...", begann der Kommandant daraufhin, aber Napoleon ließ ihn nicht zu Wort kommen. „Das haben Sie veranlasst, Herr Kapitän! Leugnen Sie es erst gar nicht! Und Sie haben auf Befehl Ihrer Regierung gehandelt, geben Sie es zu! Ich vertraute auf die Gastfreundschaft Englands, stattdessen begann mein Martyrium. Und man wird nicht ruhen, bis es mit meinem Tod endet!"

Er hatte seinen Satz kaum zu Ende gebracht, da überfiel ihn erneut die Übelkeit. Er beugte sich tiefer über die Schüssel und erbrach sich.

Achselzuckend wandte sich Maitland ab. „Seien Sie versichert, Sire, dass ich nicht ruhen werde, bis ich den Urheber dieses Verbrechens gefunden und in Eisen gelegt habe", sagte er und fügte hinzu, während er sich zum Gehen wandte: „Auf ein Wort, Doktor!"

Der Arzt folgte ihm; die Männer schwiegen, bis sie auf Deck standen, weit genug von den anderen entfernt.

„Er scheint nicht in Lebensgefahr zu sein?", fragte der Kommandant.

„Ich glaube nicht. Der Täter, wer immer es auch sein mag, wollte ihn entweder nicht töten, sondern nur außer Gefecht setzen, oder er ist ein Dilettant und hat die Dosis zu niedrig gewählt. Außerdem – um die Krämpfe zu bekämpfen, habe ich ein Brechmittel verabreicht. Napoleon hat daher sofort seinen Mageninhalt von sich gegeben und das Gift hat seine Wirkung nicht entfalten können."

„Aber Gift war es?"

„Ohne Zweifel. Haben Sie den starken Geruch nach Mandeln bemerkt?"

Maitland nickte. „Allerdings."

„Das ist ein eindeutiger Hinweis auf eine bestimmte Arsenverbindung."

„Arsen? Wer könnte das getan haben? Für die meisten meiner Männer würde ich die Hand ins Feuer legen... Vielleicht ist der Giftmischer unter denen zu suchen, die als Begleiter Seiner Majestät ausersehen sind?"

„Aber Sir! Das sind alles seine Freunde!"

„Freunde eines Kaisers! Freunde eines egomanischen Tyrannen!" Der Kapitän lächelte sarkastisch. „Aber vielleicht hat mir auch die Regierung jemanden unter meine Mannschaft gemischt, der das Problem Bonaparte sozusagen endgültig erledigen soll. Schließlich ist er schon einmal aus der Verbannung zurückgekehrt."

Der Arzt stimmte zu „Auch das könnte sein. Wahrscheinlich trauen seine Gegner in Europa ihm immer noch alles zu. Denken

Sie doch nur, nach dem Russland-Feldzug: Die *grande armée* vernichtet, der Kaiser selbst mit knapper Not davongekommen. Preußen und Österreich kündigen ihm die Gefolgschaft auf, er hat alle gegen sich und trotzdem wagt er es noch einmal: Er mobilisiert 160 000 Mann und stellt sich der Koalition aus Russen, Engländern, Preußen und Österreichern entgegen!"

Maitland nickte versonnen. „Sie meinen die Völkerschlacht bei Leipzig. Ja, man weiß wirklich nicht, ob man diesen Mann für sein Draufgängertum bewundern oder für seine Menschenverachtung verabscheuen soll..."

Halle und Leipzig, Ende Oktober 1813

Dr. Johann Christian Reil barg müde das Gesicht in beiden Händen. Ein Ärzteleben lang hatte er Seuchen bekämpft, Verwundete zusammengeflickt, Schmerzen gelindert und getröstet, so gut es eben ging, aber so etwas wie das hier hatte er noch nicht erlebt. Ihm schien es, als wäre er bereits am Ende seiner Kräfte, dabei war er vom eigentlichen Schlachtfeld bei Leipzig noch mehr als fünf Meilen entfernt.

Schon hier, in Halle, seiner Heimatstadt, drängte sich eine riesige Menge von Verwundeten. Mehr als 7 000 waren es, schätzte er, und es gab kein Bürgerhaus, das nicht welche aufgenommen hatte.

Seit mehr als 20 Stunden war er nun auf den Beinen, hatte Verbandszeug organisiert, schmerzstillendes Laudanum* verabreicht, hatte Kugeln aus schwärenden Wunden geschnitten und die Knochensäge angesetzt, wo nur die Amputation noch eine Chance auf Heilung ließ.

Er war einiges gewöhnt, aber diese Masse an stöhnenden, wimmernden, schreienden oder einfach nur stumm und lethargisch daliegenden Männern hatte ihm sehr zugesetzt. Dabei waren die, die es selbstständig oder mit fremder Hilfe vom Kriegsschauplatz in der Nähe von Leipzig nach Halle geschafft hatten, noch gut dran. Sie alle hatten ein Dach über dem Kopf, hatten ein Bett oder zumindest einen Strohsack und mussten weder Hunger noch Durst leiden. Auch gab es hier genügend sauberes Leinen zum Verbinden und etliche mehr oder weniger tüchtige Ärzte und Chirurgen mit ihren Helfern kümmerten sich um sie. Wie mochte es draußen im Feld aussehen? Bald würde er es wissen.

Mitten in seine Gedanken hinein klopfte es lautstark an die Tür, ein junger Leutnant stürmte herein, in der Uniform der preußischen Husaren*. Obwohl er sich vor Müdigkeit kaum auf den Beinen halten konnte und sofort auf einen Stuhl sank, strahlte er über das ganze Gesicht, seine Augen glänzten.

„Sieg auf der ganzen Linie, Herr Professor", keuchte er atemlos, „der französische Tyrann ist besiegt, endgültig!"
Unvermutet hob er die Arme in theatralischer Geste und begann zu singen:
„Das ist des Deutschen Vaterland,
wo Zorn vertilgt den welschen Tand,
wo jeder Franzmann heißet Feind,
wo jeder Deutsche heißet Freund,
das soll es sein,
das ganze Deutschland soll es sein!"
„Nun mal langsam, junger Mann, nun mal langsam! Sie wollen sagen, das Gemetzel ist vorüber?"
„Ja, es ist vorüber." Für einen Augenblick wurde die Stimme des Jungen leiser und seine Augen wurden schmal, als wollte er die Bilder in seinem Inneren bannen. Aber gleich strahlte er wieder. „Einigkeit macht stark! Endlich haben wir es geschafft!"
In einem Ton, der ein bisschen herablassend klang, wie ihn die Militärs gegenüber Zivilisten gewöhnlich gebrauchen, um ihre Überlegenheit zu demonstrieren, fuhr er fort: „Wie Sie vielleicht wissen, hat Preußen sich im März mit Russland verbündet."
Der Arzt nickte und unterließ gutmütig den Hinweis, dass er noch Friedrich den Großen gekannt und schon Verwundete zusammengeflickt hatte, als der junge Leutnant noch die Windeln genässt hatte.

„Vor ein paar Monaten hat sich auch Österreich diesem Bündnis angeschlossen und mit Preußen und Österreich hat es der Franzose jetzt zu tun bekommen", fuhr der junge Offizier eifrig fort. Mehr und mehr geriet er in Begeisterung. „Von Südosten hat ihn der österreichische Feldmarschall Schwarzenberg in die Zange genommen, von Nordwesten hat ihn unser grandioser Marschall Vorwärts, der alte Blücher, eingekreist. Der Tyrann ist nach Westen, über den Rhein, geflohen, heißt es, dorthin, wo er hingehört ..."

„Augenblick, Herr Leutnant!", unterbrach ihn Reil. „So, wie Sie das schildern, hört es sich an, als hätten Schwarzenberg, Blücher und Napoleon die Sache ganz allein ausgefochten. Wenn ich das aber recht sehe, waren da ein paar Hunderttausend Soldaten beteiligt und Sie haben Befehl, mir zu berichten, wie es um die Verwundeten steht, ist es nicht so?"

Der junge Offizier nickte verlegen. „Ja, Sie haben recht. Und, um die Wahrheit zu sagen ...", seine Augen wurden wieder dunkel und schmal, „es ist furchtbar, was Sie vorfinden werden. Aber- und Abertausende sind gefallen, genauso viele sind verwundet und es ist kaum etwas da, womit man ihnen helfen könnte."

„Also dann!" Der Arzt erhob sich. „Sie haben das Ihre getan, Herr Leutnant. Nun wird es Zeit, dass ich das Meine tue."
Er nickte einen knappen Gruß und verließ den Raum.

Mit zwei Fuhrwerken, hoch beladen mit Verbandszeug, sauberen Leintüchern, hölzernen Schienen, Instrumenten und

Fässern mit frischem Wasser machte er sich einige Stunden später, von zwei Assistenten begleitet, auf den Weg, um das Wenige zu tun, was ein Arzt nach einer Schlacht tun konnte. Er war ein erfahrener Arzt und vorbereitet auf Bilder des Schreckens. Auch wusste er, dass er nur wenige Verwundete würde betreuen können – mit zwei Männern und jämmerlichen Hilfsmitteln. Seine Hauptaufgabe bestand vielmehr darin, aus den Missständen zu lernen und nach Möglichkeiten zu suchen, wie man in Zukunft die Situation von Kranken und Verwundeten verbessern könnte.

Aber das, was er in den folgenden Tagen zu sehen bekam, ließ ihn zweifeln an der Güte Gottes und er fragte sich, ob es irgendetwas geben könnte, mit dem dieses Elend zu rechtfertigen wäre.

Während der ganzen Fahrt nach Leipzig kamen den Ärzten immer wieder lange Trecks von Fuhrwerken und Karren aller Art entgegen, viele von Menschenhand gezogen oder geschoben, auf denen sich die Verwundeten stapelten wie minderwertige Handelsware, ohne Strohpolster, ohne auch nur die einfachste medizinische Versorgung. Manche schrien und weinten, streckten die Hände wie Bettler flehend den Vorüberfahrenden entgegen, andere lagen lethargisch und stumpf da, mit zerschossenen Gliedern oder anderen, noch grauenhafteren Verletzungen, in denen schon der Wundbrand zu wüten begann.

Einmal, kurz bevor sie die ersten Leipziger Häuser erreichten, ließ der Professor seine Chaise* halten, sprang heraus und stoppte einen Karren, der von einem stämmigen Kaltblüter gezogen wurde.

Der Karrenführer, ein junger Unteroffizier, dem, außer dass er den linken Arm in der Binde trug, nichts zu fehlen schien, wollte erst wütend werden über die Verzögerung. Als Reil ihm aber gesagt hatte, wer er war, und seine königliche Order hervorgezogen hatte, gab er bereitwillig Auskunft.

„Die Stadt ist die Hölle", sagte er. „Die Hölle, glauben Sie mir. Da, hinter mir auf dem Karren, das sind meine Leute, also die von ihnen, die dem Tod näher sind als dem Leben. Wer in Leipzig bleibt, der krepiert, das ist klar."

„Aber das gibt es doch nicht!", rief Reil. „Die große, reiche Stadt! Wenn die Lazarette nicht ausreichen – was ist mit Privatquartieren? Muss nicht in einer solchen Lage jeder Bürger helfen, so gut er kann?"

Der Korporal* zuckte die Achseln. „Mehr als 20 000 Verwundete sind es, habe ich gehört. Wohlgemerkt: Zwanzigtausend, die so schwer verwundet sind, dass sie nicht mehr auf eigenen Füßen stehen können. Welche Stadt kann 20 000 Schwerverletzten helfen? Und die Bürger, die haben ihre Häuser schön verrammelt, damit das Elend draußen bleibt. Nee, Leipzig ist die Hölle. Die da …", er deutete auf die Männer hinter sich, „die da hab ich mitgenommen, damit sie wenigstens nicht in der Hölle sterben müssen."

Er grinste. „Auch wenn der eine oder andere hinterher wieder reinmuss, in die Hölle."

„Soll ich mir Ihren Arm mal ansehen, Korporal?", fragte Reil. Der junge Soldat schüttelte müde den Kopf. „Mir geht's gut. Wenn Sie schon was tun wollen, schauen Sie nach den Männern auf dem Wagen."

Eine knappe Stunde lang waren die drei Ärzte damit beschäftigt, Wunden mit Essigwasser auszuwaschen, saubere Verbände anzulegen und schmerzstillendes Laudanum zu verabreichen.

Dann ließ Reil die Verwundeten weiterfahren, nicht ohne dem Korporal ein Empfehlungsschreiben mitzugeben, das ihm und seinen Leuten in Halle ein menschenwürdiges Quartier verschaffen würde.

„Das haben wir für ein Dutzend Männer tun können", sagte einer seiner Assistenten. „Was können wir für 20 000 Männer tun, Herr Professor?"

„So dürfen Sie nicht denken! Wenn wir nur einen retten, hat sich unser Weg schon gelohnt. Wir sind Ärzte, keine Generäle. Wir denken nicht in Zahlen."

Aber später, als sie erst mit ihrer Chaise durch die Gassen der Stadt rumpelten und dann zu Fuß durch die Quartiere streiften, wollte ihn doch die schiere Verzweiflung überkommen.

Überall, wirklich überall lagen die Verwundeten in dicht gedrängten Reihen: in aufgelassenen Kneipen, in denen noch Gestank und Dreck vom früheren Betrieb zeugten, in eiskalten Kirchengewölben, in Schulen auf dem nackten, schmutzigen Fußboden, viele auch im Freien, wo ihnen die Kälte den Rest gab.

Nicht einer der Unglücklichen hatte ein sauberes Hemd oder eine Decke, von einem Strohsack oder einer Matratze ganz zu schweigen. Sie alle trugen noch ihre blutigen, zerrissenen und verdreckten Uniformen am Leib.

Überall lagen Tote oder Sterbende neben noch Lebenden, die brandigen, eitrigen Wunden verbreiteten einen infernalischen Gestank. Dazu kamen das Stöhnen und Jammern, der rasselnde Atem und das wirre Gestammel der im Fieber Fantasierenden: Reil und seine beiden Helfer brauchten ihren ganzen Mut, um nicht angesichts dieses Entsetzens schreiend davonzulaufen.

Sie wuschen und verbanden Wunden, schienten, amputierten, flößten Branntwein und Laudanum ein, verteilten Wasser und verteilten Brot und getrocknete Früchte.

Doch je mehr der Unglücklichen sie notdürftig versorgten, umso größer schien ihnen die Zahl derer zu werden, die dringend ihre Hilfe brauchten.

In der Nacht, als er völlig erschöpft in seinem Quartier saß, schrieb Reil einen Bericht an seinen Vorgesetzten, den Freiherrn von Stein.

„Stellen Sie sich vor", schloss er, „in einem Hof fand ich die Leichen unserer Soldaten, nackt und mit allerlei Dreck zu einem Haufen zusammengeschoben. Ist das das Ende, das diese tapferen Männer verdient haben, denen wir doch den Sieg über den französischen Tyrannen verdanken?"

Er streute Sand über seinen Brief, faltete ihn zusammen und siegelte ihn. Eine weitere Frage gab es noch, die ihn, den Arzt bewegte, auch wenn er sie in seinem Bericht nicht gestellt hatte: Gab es überhaupt ein Ziel, das so viel Elend rechtfertigte?

Paris, den 14. November 1813, zwei Wochen nach der Völkerschlacht bei Leipzig

Er sollte etwas falsch gemacht haben? Wie er es immer machte, fegte der Kaiser selbst die vorsichtigsten Einwände gegen seine Taktik mit einer unwirschen Handbewegung beiseite.

„Erzählen Sie mir nichts von irgendwelchen Fehlern, meine Herren", fuhr er die anwesenden Militärberater und Mitglieder des Senats an, „Frankreichs Soldaten haben wie immer großartig gefochten und wie immer sind sie glänzend geführt worden ...", er ließ offen, ob er damit sich oder seine Generäle meinte, „vielmehr ist es doch so: Vor einem Jahr ist ganz Europa mit uns marschiert, jetzt marschiert ganz Europa gegen uns. Und warum, meine Herren, ist das so? Weil es den Engländern gelungen ist, die Stimmung der Welt gegen uns zu richten. Aber es wird ihnen nichts nützen! Auch in Zukunft werden grandiose Siege den Ruhm der französischen Waffen mehren, selbst wenn beispiellose Fälle von Verrat uns unsere Siege zunichtemachen wollen."

„Sire, erlauben Sie ...", die Stimme des ergrauten Marschalls klang eindringlich, doch der Kaiser bellte: „Nichts erlaube ich! Die Zeit langer Debatten ist vorbei!"

Der Mann wollte nicht aufgeben, sah sich Hilfe suchend unter seinen Kameraden um, aber niemand erwiderte seinen Blick, alle starrten nur verlegen auf den Boden. Da schwieg auch er.

Napoleon nahm es mit befriedigtem Nicken zur Kenntnis.

„Wer jetzt noch lange redet, meine Herren, versündigt sich am Vaterland. Denn ich sage Ihnen: Ohne die Kraftanstrengung und die Einigkeit aller Franzosen ist das Vaterland in Gefahr. Ich werde versuchen, ein neues Heer zusammenzustellen und den Feind zur Entscheidung zu zwingen!"

Einen Tag danach, Leipzig, 15. November 1813

Wochenlang hatten der Arzt Professor Reil und seine Helfer sich um Sterbende und Schwerverwundete gekümmert, hatten genäht, verbunden, amputiert, ohne darauf zu schauen, ob es sich um Feind oder Freund handelte. Nach und nach waren Hilfsgüter eingetroffen, Bautrupps, die provisorische Unterkünfte errichteten.

Am Abend des 15. November saß er mit seinen Assistenzärzten bei einem Krug Bier zusammen. Er fühlte sich müde und zerschlagen.

„Was für eine deprimierende Arbeit", sagte er, „stellt euch vor, jemand fertigt mit höchster Kunstfertigkeit die feinsten Porzellanfiguren an, dann kommt ein anderer mit dem Hammer und zerschlägt sie und ein Dritter versucht mühsam und stümperhaft, sie wieder zusammenzukleben. So komme ich mir manchmal vor und das Schlimmste ist: Wenn es mir gelungen ist, die eine oder andere wieder halbwegs in ihren ursprünglichen Zustand zu versetzen – dann besteht die Gefahr, dass wieder der mit dem Hammer kommt und sie erneut zerschlägt..."

„Aber das klingt ja, als ob die ganzen Opfer, die vielen Toten und Verwundeten, sinnlos gewesen wären, Herr Professor", widersprach einer der jungen Männer. „Aber das waren sie doch nicht! Die Männer haben doch ihr Blut im Kampf gegen die Unterdrückung durch den Tyrannen Napoleon vergossen! Im Kampf für die Befreiung des Vaterlands!"

„Ach, ja? Und was ist mit dem Blut der vielen jungen Franzosen? Wofür haben die es vergossen?"

Als sein Helfer etwas entgegnen wollte, winkte er müde ab.

„Lassen wir das, es gibt Wichtigeres zu besprechen. Zusätzlich zur Wundversorgung haben wir noch ein weiteres Problem zu bewältigen. Unter den Verletzten ist eine Seuche ausgebrochen, die mit hohem Fieber und heftigen Durchfällen einhergeht. Es hat schon mehrere Todesfälle gegeben. Leider wissen wir gar nichts über deren Ursache. Wie auch bei der Pest scheint mir das einzige Heilmittel darin zu bestehen, die Kranken zu isolieren. Ich schlage deshalb Folgendes vor..."

Eine Woche später war Professor Reil tot, gestorben am Typhus*, der Seuche, gegen die auch er machtlos war. Mit ihm starben Zigtausende Verwundete.

Der Niedergang

Ein Opfer der eigenen Maßlosigkeit

Napoleon hätte nach dem Sieg über Preußen Frankreichs Vorrangstellung in Europa für lange Zeit sichern können. Aber seine Maßlosigkeit, sein Drang nach immer größeren Erfolgen und immer größerer Macht ließen eine konsolidierende Politik nicht zu. Zum einen wollte er keinesfalls hinnehmen, dass er England, dessen Seeherrschaft nach wie vor unangefochten war, nicht besiegen konnte. Zum anderen träumte er davon, wie einst Alexander („der Große") mit seinen Truppen weit nach Asien vorzustoßen und Indien zu erobern.

Als daher der Zar seine Kontinentalsperre gegen England nicht genügend unterstützte, nahm er das zum Anlass, Russland den Krieg zu erklären. Das, davon war er überzeugt, war der erste Schritt zur Weltherrschaft Frankreichs – und damit Napoleons. Mit einer riesigen Armee fiel er in Russland ein – und scheiterte kläglich: an Nachschubproblemen, an Regen und Kälte, an den riesigen Entfernungen, an der Taktik der russischen Verteidiger, sich auf eine große Schlacht gar nicht einzulassen. Hunderttausende von toten Soldaten waren der Preis für sein vermessenes Abenteuer.

Außerdem geschah, womit er nicht gerechnet hatte: Die besiegten Preußen verbündeten sich mit Russland, Österreich schloss sich an, England und Schweden unterstützten diese Koalition. In der „Völkerschlacht von Leipzig" im Oktober 1813 besiegten die vereinigten Truppen dieser Staaten Napoleon und seine Soldaten, die *grande armée,* erlitten eine schreckliche Niederlage – wieder blieben fast 150000 Tote auf dem Schlachtfeld zurück. Ihren Namen erhielt sie, weil sie die bis dahin größte Schlacht der Geschichte war (530 000 Soldaten sollen dort insgesamt gekämpft haben) und weil sie keine Schlacht war, die lediglich auf den Befehl von Herrschern herbeigeführt wurde: Im deutschsprachigen Raum z. B. hatten immer mehr Menschen den Krieg gegen Napoleon gefordert, weil sie seine Herrschaft abschütteln wollten. Vetternwirtschaft und Unterdrückung unter seiner Oberherrschaft wurden, trotz einiger innerer Reformen, als unerträglich empfunden. Die Menschen sahen den Krieg gegen den französischen Kaiser als „Befreiungskrieg" an.

Für Napoleon bedeutete diese Niederlage das Ende. Als er Friedensangebote ablehnte und Vorbereitungen für eine weitere Mobilmachung traf, marschierten feindliche Truppen unter Führung Preußens über den Rhein bis nach Paris: Napoleon musste abdanken und wurde auf die Mittelmeerinsel Elba verbannt.

Der Tyrann kehrt zurück

Nach dem Sieg über Napoleon versammelten sich Vertreter vieler europäischer Staaten im November 1814 in Wien zu einem großen Kongress, um über das Schicksal des besiegten Frankreich und seines Herrschers Napoleon zu beraten. Der Frieden sollte nach über 20 Jahren Krieg dauerhaft gesichert werden. Außerdem mussten zahlreiche Grenzen in Europa neu gezogen werden; Frankreich zum Beispiel wurde auf die Grenzen von 1792 zurückgeführt, verlor also die napoleonischen Eroberungen. Weitgehend einig waren sich die in Wien versammelten Fürsten darin, dass die alten Herrscherhäuser wieder an die Macht kommen und die Veränderungen durch die große Revolution in Frankreich 1789 so weit wie möglich zurückgenommen werden sollten.

Während die Diplomaten in Wien noch eifrig verhandelten, verließ Napoleon heimlich Elba, sammelte noch einmal eine große Schar Anhänger um sich und stellte erneut eine Armee auf. In dieser letzten Schlacht wurden seine Truppen am 18. Juni 1815 bei Waterloo im heutigen Belgien erneut von den Preußen und den Engländern besiegt – diesmal endgültig. Napoleon wurde nach St. Helena verbannt, von wo es keine Rückkehr gab. Bald darauf wurden die Verhandlungen in Wien abgeschlossen – das Zeitalter Napoleons war Geschichte.

Tod dem Tyrannen!

An Bord Seiner britischen Majestät Fregatte „Bellerophon",
August 1815

In der Kajüte des Kapitäns war es dunkel geworden. Der
Schiffsarzt hatte seinen Auftrag erledigt – der kranke See-
mann lag wohlversorgt im Lazarettraum im Orlopdeck* – und
sich wieder zu seinem Kommandanten begeben.

„Welche ungeheuren Menschenopfer haben der eiserne Wil-
le und der Größenwahnsinn dieses Mannes vor Leipzig noch
einmal gefordert", sagte Maitland, „Männer, gefallen in der
Schlacht, gestorben an den Verletzungen, verreckt an der La-
zarettseuche... Und dabei sind die vielen noch nicht einmal
mitgerechnet, die in dieser Zeit in Spanien gefallen sind oder
während der erbitterten Seegefechte."

„Ich kann es immer noch kaum glauben", murmelte der Doktor. „Dieser kleine Mann da drüben, der zetert wie eine ver-
wöhnte Hofdame, wenn er nicht genug von seinem Lieblings-
wein zu schlürfen kriegt, der hat ganz Europa in seiner Hand
gehabt..." Mit einem Seitenblick auf seinen Kapitän fügte er
schnell hinzu: „Mit Ausnahme Englands natürlich."

„Und auch das war knapp genug. Wenn Lord Nelson nicht
gewesen wäre..."

Der Kommandant strich versonnen über die Stelle an seinem
rechten Oberschenkel, in die ein französisches Schrapnell* ei-

ne tiefe Wunde gerissen hatte. „Ich war dabei, vor Abukir als Kadett und vor Trafalgar als frischgebackener Leutnant."

„So ist er letztlich doppelt gescheitert, der kleine Korse", meinte Ferguson. „An der englischen Überlegenheit zur See und am eigenen Größenwahn zu Lande."

„Wahrscheinlich ist das so", nickte der Kapitän. „Aber, wie gesagt, es war verdammt knapp. Und wissen Sie, Doktor, das Wort Größenwahn reicht mir nicht aus, um diesen Mann zu beschreiben. Denken Sie doch an sein letztes Abenteuer!"

„Sie meinen Waterloo?"

„Ja, ich meine Waterloo. Nach der blutigen Völkerschlacht hielt er sich noch monatelang, bis Preußen, Russen und Österreicher Paris besetzt hatten. Dann endlich, am 14. April 1814, gab er auf und dankte ab. Man machte ihn zum Fürsten von Elba, in Saus und Braus hätte er leben können, Sie haben es ja selbst gesagt, John. Aber er, was macht er? Mit ein paar Hundert Getreuen verlässt er Elba, schafft es mit nichts als Versprechungen und revolutionären Phrasen, seiner Überzeugungskraft und seinem ungeheuren Willen, Hunderttausende Anhänger zu mobilisieren, und zieht nach drei Wochen in Paris ein, von den meisten mit begeisterten Hochrufen begrüßt. Noch einmal beginnt der Albtraum für Europa, noch einmal liefert dieser unglaubliche kleine Mann seinen Gegnern eine mörderische Schlacht, und wer weiß, wenn nicht die Engländer und die Preußen so überragende Feldherrn gehabt hätten, vielleicht hätte sich das Blatt noch einmal zu seinen Gunsten gewendet.

So aber war der Spuk nach 100 Tagen vorbei und das klägliche Ende der Geschichte wird die Insel St. Helena sein."

Ein lautes Pochen an der Tür unterbrach das Gespräch der beiden Männer. Derrick, der Dritte Offizier, trat ein und machte Meldung. „Käpt'n, Sir, die Befragung der Mannschaft hat nichts ergeben, auch die Untersuchung der Quartiere nicht."

„Hat jemand Zugang zu unserem Passagier gehabt, hat ihn jemand besucht, ihm etwas gebracht außer meinem Steward?"

„Nein, Sir, jedenfalls hat niemand etwas bemerkt."

Maitland nickte grimmig. „In Ordnung, Mr Derrick. Die Weine für Seine Majestät werden erst in meinem Beisein geöffnet, die Verpflegung wird ausschließlich aus meinen Beständen genommen und in Gegenwart eines Offiziers serviert. Ist das klar, Mr Derrick?"

„Jawohl, Sir! Darf ich etwas bemerken, Sir?"

„Nur zu, Mr Derrick!"

„Könnte es nicht sein, dass der Froschfresser – ich meine, der Kaiser – das Gift selbst eingenommen hat? Es geht das Gerücht, Sir, dass er so was schon mal versucht hat, nach seiner ersten Abdankung."

Der Schiffsarzt nickte beifällig. „Sir, der Gedanke ist mir auch schon gekommen. Ausgeschlossen ist das nicht."

„Unsinn! Dieser eitle Mensch sollte sich umbringen wollen, ohne vorher der Welt sein Vermächtnis hinterlassen zu haben, seine eigene Heiligsprechung sozusagen? Nein, damals, das mag der Schock der endgültigen Niederlage gewesen sein, die Aussicht, vom Herrscher Europas zum Oberhaupt von ein paar Tausend Fischern auf Elba zu werden!"

„Mit Verlaub, Sir!" Der junge Offizier gab nicht auf. „Und vor Kurzem haben Sie ihm einen zweiten Schock versetzt, Sir: St. Helena!"

Der Kommandant überlegte eine Weile, dann sprang er auf. „Sie haben mich zwar nicht überzeugt, meine Herren", meinte er, „aber wir dürfen kein Risiko eingehen. Also los!" Er lächelte schmallippig. „Ich fürchte, der Exkaiser der Franzosen wird sich morgen früh eine Leibesvisitation gefallen lassen müssen." Erstaunlicherweise ließ Napoleon die Untersuchung der Kajüte und auch die Leibesvisitation klaglos über sich ergehen.

Nur einmal, als Carpenter, der breitschultrige Bootsmann, ihm mit breitem Grinsen das Hemd lüftete, revanchierte er sich mit einer kräftigen Ohrfeige, die der Mann einsteckte, ohne auch nur eine Miene zu verziehen.

Trotz aller Gründlichkeit ergab die Suche nichts. „Ich hätte es Ihnen gleich sagen können, Herr Kapitän", sagte Napoleon spitz, als sie schließlich innehielten. „Aber das Wort des Kaisers der Franzosen zählt ja wohl nicht mehr."

„Vergeben Sie mir, Sire", entgegnete Maitland mit einer höflichen Verbeugung, „aber ich hafte den Lords der Admiralität, der britischen Regierung und Seiner Majestät, dem König, für Ihre Unversehrtheit. Dies hat mich zu dem kaum entschuldbaren Schritt gezwungen, den ich zutiefst bedaure. Ich bitte nochmals um Verzeihung, Sire. Wir lassen Sie jetzt wieder ungestört."

In der Nacht nach der erfolglosen Durchsuchung legte sich der Kommandant in seine Koje.

Aber die Sorge um seinen Passagier ließ ihn nicht einschlafen. Unruhig wälzte er sich auf der schmalen Liege hin und her. Wer mochte Napoleon nach dem Leben trachten? Freilich gab es genug Menschen, die gute Gründe hatten, den Tyrannen zu hassen, Unzählige, die seine Kriegszüge ins Elend gestürzt, denen seine Schlachten die Söhne genommen hatten, Preußen, Russen, Österreicher, Spanier... Aber hier, an Bord eines englischen Kriegsschiffs? Da konnte es niemanden geben... oder?

Etwas kam ihm in den Sinn, wollte sich aber nicht zu einem klaren Gedanken verdichten, sosehr er auch grübelte. Allmählich überkam ihn doch die Müdigkeit. Sein letzter Gedanke war, dass er bis an sein Lebensende auf einer verdammten Sloop* Dienst in der Themsemündung schieben würde, wenn Napoleon etwas zustieße, dann dämmerte er ein.

Doch sein Schlaf war der eines erfahrenen Seemanns: leicht und oberflächlich, und so schreckte er plötzlich hoch. War da nicht etwas gewesen? Etwas jenseits der vertrauten Geräusche, des Knarrens der Planken, des Ächzens der Brassen*, des

Rauschens der windgefüllten Segel? Ja, da war es wieder, ein dumpfes Poltern, direkt nebenan – in der Achterkajüte!

Mit einem Satz war Maitland auf den Beinen. Einen Augenblick wartete er, bis sich seine Augen an die Dunkelheit gewöhnt hatten, dann war er draußen, stieß gegen einen reglos am Boden liegenden Körper, eine fürchterliche Ahnung überkam ihn und er riss die Tür zur Achterkajüte auf.

Drin flackerte eine Lampe. Napoleon hatte offenbar noch am Tisch gesessen und geschrieben. Jetzt aber lag er quer über der Tischplatte, eine Gestalt in Uniform beugte sich über ihn und hob die Hand mit einem Stilett zum tödlichen Stoß.

Dem Kapitän blieb nur noch ein gebrülltes „Sie werden hängen dafür, Midshipman Alvaro!".

Der Mann fuhr zusammen, für den Bruchteil einer Sekunde wandte er den Kopf, und das genügte Napoleon. Mit einer Behändigkeit, die ihm wohl niemand zugetraut hätte, stieß er seinen Angreifer auf die Seite und brachte sich mit einem Satz hinter dem schweren Kartentisch in Sicherheit.

Drei durch den Krach alarmierte Seesoldaten stürmten in die Kajüte, der Angreifer wehrte sich mit dem Mut der Verzweiflung, schlug um sich, kratzte, biss und trat, bis er sich schließlich der Übermacht ergeben musste. Zwei Mann packten ihn, während der Profoss* ihm Arme und Beine mit schweren Eisenketten fesselte. Wenig später stand der unglückliche Pedro de Alvaro gebändigt und mit ausdrucksloser Miene vor dem Kapitän.

Maitland war außer sich vor Zorn. „Sie Ausbund von einem Idioten!", herrschte er den Posten an, der sich bleich und schwankend mühte, vor seinem Kommandanten Haltung zu bewahren. „Nennen Sie das Wacheschieben? Ich hätte gute Lust, Sie auspeitschen zu lassen!"

„Aber Sir!", verteidigte sich der Mann kleinlaut. „Er ist doch ein Offizier! Er hat gesagt, er hätte etwas gehört, am Niedergang, und ich sollte mal nachsehen, Sir. Und als ich mich umgedreht hab – zack!, hat er mir eins über den Kopf gegeben, Sir! Was hätt ich denn machen sollen, Sir?"

„Ach, was!", knurrte Maitland, aber er ließ es dabei bewenden. „Gehen Sie wieder an Ihren Dienst!" Der Mann hatte nicht fahrlässig gehandelt, er hatte einfach einem Befehl gehorcht. Aber der, der den Befehl gegeben hatte... Erneut stieg die Wut in ihm empor. Wenn dieser verdammte Spanier einen Atemzug früher zugestochen hätte... nicht auszudenken!

„Dafür werden Sie mir bezahlen, Alvaro! Ich werde Sie persönlich am Kragen vors Kriegsgericht zerren, das versprech ich Ihnen! Sind Sie für den Giftanschlag auch verantwortlich?"

Der junge Mann war in erbarmungswürdiger Verfassung: Sein schwarzes, lockiges Haar war wirr und verklebt, aus seiner Nase tropfte das Blut, blutige Striemen verunstalteten sein Gesicht, eins seiner Augen war zugeschwollen.

Dem Kapitän fiel auf, wie mager er war, die schweren Ketten mussten ihm zusätzlich Schmerzen bereiten.

Er unterdrückte das aufkommende Mitgefühl und wiederholte: „Los, Mann, reden Sie! Sind Sie für den Giftanschlag auch verantwortlich?"

Alvaro schwieg, die Lippen trotzig aufeinandergepresst, die gefesselten Hände zu Fäusten geballt.

„Ach so, Sie sind nicht nur ein Mörder, sondern auch ein Feigling? Natürlich, nur ein jämmerlicher Feigling verübt einen Giftanschlag!"

Alvaro hob den Kopf und sah den Kapitän mit seinem gesunden Auge an. Sekundenlang musterten sich die beiden Männer wie zwei angriffslustige Rüden, dann senkte der Spanier den Blick.

„Feigling!", wiederholte der Kapitän verächtlich.

Da brach es aus dem Jungen heraus: „Ich bin kein Feigling!", schrie er und die Lautstärke ließ seinen harten spanischen Akzent noch deutlicher hervortreten. „Ja, ich geb's zu! Ich habe dem Verfluchten auch das Gift gegeben. Aber nicht aus Feigheit! Damit er leiden soll, krepieren wie ein Hund! Nicht ehrenvoll durch eine Klinge sterben! Tod dem Tyrannen!"

Maitland wollte etwas einwenden, aber es war, als ob sein Vorwurf alle Dämme gebrochen hätte.

„Ich hab versagt, ich hab versagt! Das Gift war nicht stark genug, es war die letzte Gelegenheit, ich hab wieder versagt und jetzt darf er leben, der verfluchte Tyrann, er darf leben, er darf leben und..."

Die eisernen Fesseln klirrten, als der Spanier die Hände vors Gesicht schlug und in haltloses Schluchzen ausbrach.

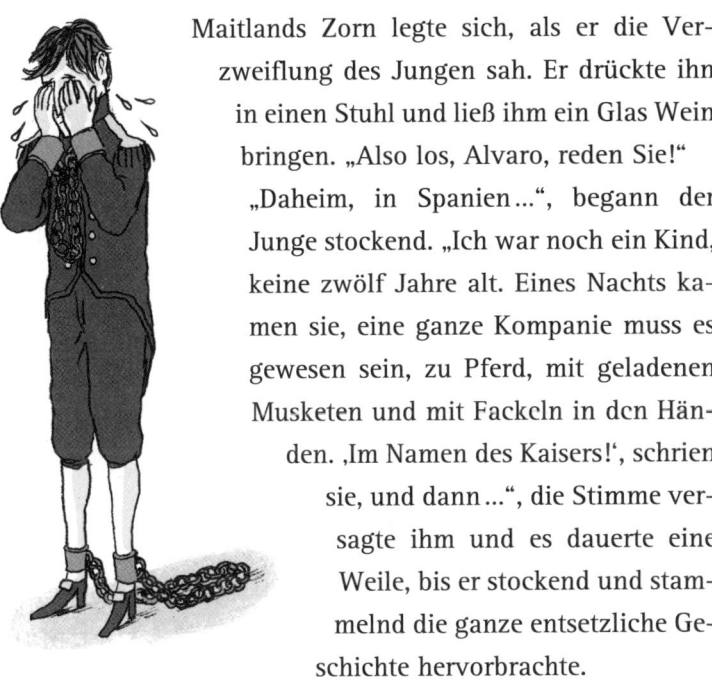

Maitlands Zorn legte sich, als er die Verzweiflung des Jungen sah. Er drückte ihn in einen Stuhl und ließ ihm ein Glas Wein bringen. „Also los, Alvaro, reden Sie!"

„Daheim, in Spanien...", begann der Junge stockend. „Ich war noch ein Kind, keine zwölf Jahre alt. Eines Nachts kamen sie, eine ganze Kompanie muss es gewesen sein, zu Pferd, mit geladenen Musketen und mit Fackeln in den Händen. ‚Im Namen des Kaisers!', schrien sie, und dann...", die Stimme versagte ihm und es dauerte eine Weile, bis er stockend und stammelnd die ganze entsetzliche Geschichte hervorbrachte.

Was er erfuhr, erzählte Maitland dem Schiffsarzt, als sie Stunden später bei einem Glas Wein und einer Pfeife Tabak beieinandersaßen, während über dem Meer der Morgen schon graute.

„Es ist ein kleines Drama von vielen Tausenden Dramen, die sich in den vergangenen 15 Jahren abgespielt haben mögen", sagte er nachdenklich, „und letztlich ist der Krieg in ihnen allen der Hauptdarsteller. Der Krieg – und Napoleon. Der junge Alvaro entstammt der Familie eines wohlhabenden spanischen Gutsbesitzers. Während des Aufstands der Spanier gegen die französischen Besatzer im Jahr 1808 sind seine Eltern und zwei seiner Geschwister von marodierenden französischen Truppen buchstäblich massakriert, sein Elternhaus ist niedergebrannt worden. Im Namen des Kaisers... Das Gebrüll ist ihm für immer ins Gedächtnis gebrannt geblieben: ‚Im Namen des Kaisers!‘ Und das Musketenfeuer, unter dem seine Familie zusammengebrochen ist. Und das Prasseln der Flammen, als sein Elternhaus lichterloh brannte... Als Zwölfjähriger hat er das alles ohnmächtig miterleben müssen. Er ist mithilfe von Verwandten nach England geflohen und über ein paar Beziehungen zur königlichen Marine gekommen. Und jetzt, plötzlich, ist ihm der Mann, den er so oft verflucht hat, dem er aus tiefstem Herzen den Tod gewünscht hat, direkt vor die Nase gesetzt worden: auf sein Schiff. Musste er das nicht für ein Werk der Vorsehung halten?“

Der Kommandant seufzte. „Er hat sich, bevor wir Anker gelichtet haben, Gift besorgt, zum einen, um nicht entdeckt zu werden, zum anderen, weil er hoffte, dass Napoleons Ende dadurch besonders qualvoll wäre. Aber die Ration, die er zur Verfügung hatte, war zu gering oder zu stark verdünnt. Deshalb ist der Anschlag fehlgeschlagen. In seiner Verzweiflung beschloss er, heute Nacht aufs Ganze zu gehen. Den Rest kennen Sie.“

Der Doktor schüttelte den Kopf. „Es wird Ihnen vielleicht nicht gefallen, Sir, aber der Junge tut mir leid. Und ich kann ihn verstehen, sehr gut sogar.“

Wieder seufzte der Kommandant. „Ich denke nicht anders als Sie, John. Aber das wird dem Jungen wenig nützen."

„Kriegsgericht?"

„Natürlich. Das kann ich ihm nicht ersparen. Man kann so was ja nicht geheim halten, da wird schon Seine Majestät selbst dafür sorgen."

„Wo ist der Spanier jetzt?"

„Ich habe ihm die Eisen abnehmen lassen und ihn in die Fähnrichsmesse* geschickt. Er kann ja nicht fliehen, hier auf dem Schiff..."

Nachdenklich saugte Ferguson an seiner Pfeife.

„Sie haben ihm die Eisen abnehmen lassen, Sir?"

„Ja, hab ich."

„Und wenn er einen erneuten Versuch unternimmt?"

„Macht er nicht. Er hat mir sein Ehrenwort als Offizier gegeben."

Ferguson schürzte die Lippen und nickte bedächtig.

„Nun, Sir, auf dem Schiff kann er wirklich nicht entfliehen. Höchstens könnte vielleicht etwas Dummes passieren, wenn wir wieder in England anlegen, nicht wahr, Sir? In dem Durcheinander, das dann wahrscheinlich herrscht..."

„Vielleicht, John."

Die beiden Männer grinsten sich an.

Dann rauchten und tranken sie schweigend und lauschten dem Knarren des Gebälks und dem Rauschen des Kielwassers, während die „Bellerophon" durch die Weiten des Atlantiks glitt.

30 Stunden später stand Kapitän Maitland am Schanzkleid und spähte voraus über die diesige bleiruhige See, die mit dem Horizont zu einer unendlichen Ödnis verschmolz. Nur eine schwache Brise ging, die die „Bellerophon" fast unmerklich vorwärtstrieb.

Als er merkte, dass jemand neben ihn trat, wandte er den Kopf.

„Guten Morgen, Sire!", grüßte er mit einer angedeuteten Verbeugung. „Ich hoffe, Sie haben gut geschlafen und inzwischen den verbrecherischen Angriff auf Ihre Person, den ich unendlich bedauere, verwunden!"

Napoleon machte nur eine wegwerfende Handbewegung. Eine Weile blieb er schweigend neben Maitland stehen.

„Ich habe das Meer immer gehasst", sagte er dann leise. „Obwohl ich auf einer Insel geboren bin... oder vielleicht gerade deswegen... habe ich es immer als Hindernis empfunden, das mir meinen Weg, mein Fortschreiten erschwert."

Er sah den Kommandanten an und es war, als ob er dessen Gedanken erriete. „Deshalb habe ich auch die Seekriegskunst nie so recht verstanden, *mon capitaine.* Ich habe nie recht begriffen, was es heißt, die Meere zu beherrschen. Deshalb habe ich mich euch Engländern schließlich beugen müssen."

Nicht nur deswegen, dachte Maitland, sondern weil du nicht genug kriegen konntest, weil dich deine Macht besoffen gemacht hat, weil du die ganze Welt beherrschen wolltest! Doch das konnte er schlecht sagen; also schwieg er und starrte nur schweigend in die bleierne See.

„Eine Insel war für mich immer ein Gefängnis", fuhr Napoleon mehr zu sich selbst fort, so leise, dass der Kapitän sich anstrengen musste, ihn zu verstehen.

„Schon Korsika, so groß es auch ist. Ich musste fort, fort... und dann Elba, ich konnte dort nicht bleiben, ich wäre dort elend zugrunde gegangen. Und jetzt..."

Er verstummte.

Während Maitland noch überlegte, was er ihm Höflich-Mitfühlendes entgegnen könnte, wehte ein heiserer Schrei aus dem Mastkorb hinunter auf Deck:

„Laaaand in Siiiicht!"

Und blass und schemenhaft tauchten vor dem diesigen Horizont die Umrisse einer Stadt auf: Plymouth. In wenigen Stunden würde Napoleon seine letzte Reise antreten.

Was bleibt von Kaiser Napoleon Bonaparte?

Napoleons letzte Jahre

Fünfeinhalb Jahre lebte Napoleon noch, nachdem er seine Verbannung angetreten hatte. In der ersten Zeit arbeitete er an vielen Briefen und Aufzeichnungen, in denen er versuchte, seine vielen Kriegszüge zu rechtfertigen. Er betonte, dass jeder einzelne notwendig gewesen sei, um Frankreich und die Errungenschaften der Französischen Revolution gegen die anderen Mächte zu verteidigen. Schuld an den vielen Opfern sei vor allem England gewesen, weil es sich jedem Friedensschluss verweigert habe. Deshalb habe er auch die Alleinherrschaft mit diktatorischen Vollmachten anstreben müssen – England habe ihn dazu gezwungen, damit er so endlich Frieden durchsetzen könne.

Eines der berühmtesten Porträts Napoleons, gemalt 1812 von Napoleons Hofmaler J. L. David

95

Die Verbannung auf die kleine Insel (sie ist mit 122 m² ca. ein Drittel kleiner als die deutsche Ostseeinsel Fehmarn) machte ihm mit der Zeit schwer zu schaffen; er langweilte sich und wurde depressiv. Im Herbst 1820 wurde er schwer krank, litt an chronischer Appetitlosigkeit und verließ kaum mehr das Bett. Am 5. Mai 1821 starb er. Hartnäckig hielt sich das Gerücht, er sei (von den Engländern?) vergiftet worden, dabei ergab schon eine Obduktion kurz nach seinem Tod, dass er ein großes Geschwür am Magen hatte. Spätere Forschungen haben ergeben, dass er an Magenkrebs litt, eine Krankheit, der schon sein Vater zum Opfer gefallen war.

Er wurde zunächst auf der Insel bestattet; 1840 wurde sein Leichnam exhumiert und nach Paris überführt. Dort ruht er bis heute im Invalidendom.

Napoleon – ein Held oder ein Verbrecher?

Von vielen Franzosen wird Napoleon bis heute verehrt, weil er die französische Nation zu einer nie gekannten Machtfülle geführt und die französische Lebensart überall in Europa verbreitet habe. Er wird als genialer Feldherr gewürdigt, als enorm tatkräftiger Politiker, der das Bürgertum und damit die Wirtschaft gefördert – und, trotz seiner Diktatur, eine fortschrittliche Politik betrieben habe.

Tatsache ist, dass Napoleon Frankreich und Europa verändert hat – vieles von dem, was er bewirkte, hat den Verlauf der Geschichte beeinflusst und, wie z. B. die Reform des Rechts oder die Schaffung einheitlicher Staatsgebiete, die Moderne eingeleitet.

Unbestreitbar ist er ein hochbegabter Mann mit eisernem Willen, großer Entschlusskraft und schier unerschöpflicher Energie gewesen. Aber man darf auch nicht übersehen, dass er in seinem politischen Leben viele verhängnisvolle Fehler begangen und jeden Weitblick hat vermissen lassen. Er war ein unduldsamer Tyrann, ein grenzenloser Egoist, einer, der um seines persönlichen Vorteils willen jede Rücksicht fahren ließ und dessen Größenwahn und Machthunger Millionen Menschenleben gekostet hat.

Glossar

Arrondissement	*seit Napoleon in Frankreich kleinerer Verwaltungsbezirk, einem Unterpräfekten unterstellt; mehrere A. bildeten ein Département*
Bataillon	*mehrere Hundert Mann starke Einheit unter dem Kommando eines Majors*
Brassen	*bei Segelschiffen an der Rah (Querstange zum Mast) angebrachte Taue, mit denen die Rahsegel dem Wind angepasst werden konnten*
Chaise	*zweisitzige Kutsche*
Chambertin	*teurer Rotwein aus Burgund*
Code Civil	*unter Napoleon verabschiedetes bedeutendes Gesetzbuch, das das Verhältnis der Bürger untereinander regelte. Galt auch außerhalb Frankreichs in vielen Staaten*

Département	*großer Verwaltungsbezirk, einem Präfekten unterstellt, seit Napoleon in Frankreich eingeführt*
Desertion	*unerlaubtes Fernbleiben von der Truppe, „Fahnenflucht"*
Direktorium	*Gremium, das am Ende der Französischen Revolution bis zur Machtergreifung durch Napoleon (1795–1799) in Frankreich regierte*
Dynastie	*Familie, die über mehrere Generationen hinweg Herrschaft ausübt*
Equipage	*Kutsche mit Gespann und Ausrüstung*
Fähnrichsmesse	*Aufenthaltsraum der Offiziersanwärter auf größeren Segelschiffen*
Froschfresser	*verächtliche Bezeichnung der Engländer für die Franzosen wegen ihrer angeblichen Vorliebe für Froschschenkel*
Glasen	*Zeitmessung mit dem Stundenglas*

Guillotine	*mechanisches Fallbeil, eigentlich konstruiert, um zum Tod Verurteilten unnötige Qualen zu ersparen, später als effektives Instrument für die schnelle Hinrichtung zum Symbol der Unmenschlichkeit geworden*
Husar	*mit Degen, Pistolen und Karabiner bewaffneter Reitersoldat*
Infanterist	*Fußkämpfer, mit Hand(feuer)waffen ausgerüstet*
Kampanje	*hinterer Decksaufbau über der Achterkajüte*
K.B. (Knight of Bath)	*Träger des Bath-Ordens, dessen Verleihung mit dem Ritterschlag verbunden war*
Kokon	*Schutzhülle, benannt nach dem schützenden Gespinst von Raupen*
Konsul	*in Anlehnung an die römische Republik von Napoleon für das höchste Staatsamt verwendeter Begriff (1799–1804)*
Kontinentalsperre	*von Napoleon verhängte Sperre, mit dem Ziel, England auszuhungern und damit zu besiegen; glückte nicht*

Korporal	*Unteroffizier, niedrigster Dienstgrad*
Kosaken	*unabhängige Reiter aus unterschiedlichen Schichten, die sich zu Kampfverbänden zusammenschlossen*
Laudanum	*opiumhaltiges Schmerzmittel, gewonnen aus dem Saft des Schlafmohns*
Linienschiff	*großes Segelkampfschiff mit mehreren Geschützdecks*
Mediatisierung	*Eingliederung kleiner, bisher selbstständiger Herrschaften (z. B. Reichsstädte oder Reichsritterschaften) in ein größeres Territorium*
Midshipman	*Kadett bzw. Fähnrich; Leutnantsanwärter*
Mobilmachung	*Bereitstellung aller wirtschaftlichen und militärischen Reserven, Einberufung aller einsatzfähigen Männer für den sofortigen Eintritt in einen Krieg*

Nepotismus	*Vetternwirtschaft, Begünstigung von Verwandten bei der Vergabe von Ämtern, Herrschaft und Besitz, von Napoleon in großem Stil gepflegt*
Orlopdeck	*unterstes Schiffsdeck, unter der Gefechtslinie*
Persenning	*schützende Plane aus Segeltuch*
Physiognomie	*äußere Erscheinung, besonders die Gesichtszüge eines Menschen, auch eines Tieres*
Ponton-Brücke	*aus Booten bzw. anderen Schwimmkörpern zusammengefügte Brücke, mittels derer ein Fluss überquert werden konnte*
Profoss	*ein für die Strafverfolgung bzw. Strafvollstreckung zuständiger Militärbeamter*
Propaganda	*Beeinflussung der Bevölkerungsmassen durch unterschiedliche Mittel (z. B. Druckerzeugnisse)*
Ruhr	*gefährliche Infektionskrankheit des Dickdarms bei mangelnder Hygiene bzw. verseuchtem Trinkwasser*

Säkularisierung	*Auflösung geistlicher Herrschaften (Abteien, Bistümer) zugunsten eines weltlichen Territoriums*
Schanzkleid	*Schutzverkleidung an der Bordwand*
Schrapnell	*mit Eisenkugeln gefüllte Granate, besonders verheerende Waffe*
Sergeant	*höherer Unteroffizier, Feldwebel*
Sire	*Anrede für Könige oder Kaiser*
Sloop	*kleines, einmastiges Kriegsschiff, von einem Leutnant kommandiert*
Tricolore	*seit der Französischen Revolution Fahne Frankreichs in den drei Farben (tricolor) Bleu, Blanc, Rouge (blau, weiß, rot)*
Typhus	*gefährliche Infektionskrankheit mit hohem Fieber, begünstigt durch unhygienische Verhältnisse*
Zapfenstreich	*beim Militär Ende des Ausgangs, Nachtruhe*

Zeittafel

15. August 1769
Napoleon wird als adliger Sohn des Carlo Bonaparte in Korsika geboren.

14. Juli 1789
Mit dem Sturm auf die königliche Festung Bastille beginnt die Französische Revolution.

Ab November 1793
Napoleon plant und leitet als Hauptmann den erfolgreichen Angriff gegen die aufständische Stadt Toulon. Napoleon wird mit 24 Jahren Brigadegeneral.

1784 Aufnahme Napoleons an der königlichen Pariser Militärakademie, ein Jahr später erhält er sein Offizierspatent.

10. August 1792
Der französische König wird abgesetzt, die Republik wird ausgerufen.

1792-1814 Die europäischen Großmächte England, Österreich, Preußen und Russland führen gegen Frankreich Krieg („Koalitionskriege").

21. Januar 1793
Der König wird hingerichtet, die Schreckenszeit („terreur") beginnt: der „Wohlfahrtsausschuss" der radikalen Jakobinerpartei lässt alle angeblichen Feinde der Republik hinrichten. Napoleon befürwortet dieses Regime.

1794/95 Das „Direktorium" übernimmt die Macht in Frankreich. Napoleon dient sich den neuen Machthabern an; er wird zum Divisionsgeneral befördert.

2. August 1802 Wegen seiner Erfolge gelingt es Napoleon, sich durch eine Volksabstimmung zum Konsul auf Lebenszeit ernennen zu lassen.

9. November 1799 Napoleon entmachtet das Direktorium. Er setzt sich selbst als „Erster Konsul" an die Spitze des Staates und erklärt die Revolution für beendet.

Januar/Februar 1797 Napoleons Truppen besiegen Österreich; es muss Teile seiner Besitzungen in Italien an Frankreich abtreten.

1801 Nach weiteren Siegen über die österreichischen Heere schließt Napoleon mit Österreich, Russland und auch England Frieden, der letztere allerdings hält nur kurze Zeit. Deutsche Fürsten verzichten auf linksrheinische Gebiete gegen Entschädigung.

2. Dezember 1804 Nach einer weiteren erfolgreichen Volksabstimmung krönt sich Napoleon selbst zum Kaiser der Franzosen.

April 1805 Russen, Engländer, Österreicher und Schweden verbünden sich gegen Napoleon.

Ab 1806 Durch die Kontinentalsperre versucht Napoleon vergeblich, England zum Friedensschluss zu zwingen.

1809 Im besetzten Spanien kommt es zu einem Aufstand gegen Napoleon, der blutig niedergeschlagen wird.

21. Oktober 1805 Die französische Flotte erleidet gegen die der Engländer bei Trafalgar eine totale Niederlage.

2. Dezember 1805 Bei Austerlitz werden Russen und Österreicher von napoleonischen Truppen besiegt. Frankreich gewinnt Gebiete hinzu.

1806 Oktober
Nach der Schlacht bei Jena und Auerstedt muss Preußen (verbündet mit Russland) kapitulieren und verliert Gebiete an Frankreich.

1806 Zahlreiche deutsche Fürstentümer treten aus dem Verbund des Deutschen Reichs aus, bilden zusammen den Rheinbund und schließen sich Napoleon an. Der deutsche Kaiser Franz II. erklärt daraufhin seinen Rücktritt. Das Deutsche Reich hört damit auf zu existieren.

Juni 1812 bis Dezember 1812
Napoleon beginnt seinen Russlandfeldzug, der fürchterlich scheitert: Von weit über 600 000 Mann kehren nicht einmal 20 000 zurück.

5. Mai 1821 Napoleon stirbt auf St. Helena, wahrscheinlich an Magenkrebs.

Dezember 1812
Preußen und Russland schließen heimlich ein Bündnis gegen Napoleon.

6. April 1814
Napoleon muss abdanken; die Insel Elba wird ihm als Fürstentum zugewiesen.

15. Oktober 1840
Napoleons Leichnam wird exhumiert und im Dezember in den Pariser Invalidendom überführt.

Oktober 1813 Die verbündeten Truppen der Preußen und Russen, denen sich auch die Österreicher anschließen, besiegen die Franzosen in der „Völkerschlacht bei Leipzig". Die Rheinbundstaaten fallen von Napoleon ab.

Ende Februar bis Juni 1815
Napoleon verlässt Elba, sammelt eine Armee um sich und verliert eine letzte Schlacht bei Waterloo gegen englische und preußische Truppen. Er wird auf die Insel St. Helena im Südatlantik verbannt.

November 1814 bis Juni 1815
In Wien tagt ein Kongress, der über die Neuordnung Europas nach dem Ende der napoleonischen Herrschaft befinden soll.

107

Inhalt - Erzählung

Inhalt - Sachkapitel

Historische Personen

Blücher, Gebhard Leberecht, Fürst von Walstatt, 1742–1819, preußischer Heerführer. Er trug entscheidend zum Sieg über Napoleon in der Völkerschlacht bei Leipzig 1813 sowie in der Schlacht von Waterloo 1815 bei. Wegen seines Temperaments und seiner Entscheidungsfreude wurde er „Marschall Vorwärts" genannt.

Daru, Pierre Antoine, Comte de, 1767–1829. Als Generalintendant in der Armee Napoleons war er stabführend zuständig für die Versorgung und den Nachschub der kämpfenden Truppe.

Franz II., 1768–1835, Herrscher von Österreich und Römisch-Deutscher Kaiser. Als Napoleon sich 1804 zum Kaiser krönte, erklärte Franz II. auch Österreich zum Kaisertum. Nach dem Austritt zahlreicher deutscher Staaten aus dem Deutschen Reich und der Gründung des Rheinbunds legte Franz II. 1806 die deutsche Kaiserkrone nieder. Als Kaiser von Österreich nannte er sich Franz I.

Maitland, Frederick Lewis, Knight of Bath, 1777–1839, britischer Konteradmiral. Als Kapitän der britischen Fregatte Bellerophon war er 1815 verantwortlich für den Transport Napoleons von einer Insel im Golf von Biskaya, wohin er sich geflüchtet hatte, nach Plymouth. Von dort aus wurde Napoleon dann zum Ort seiner endgültigen Verbannung, St. Helena, verschifft. Über die mit Napoleon auf See verbrachte Zeit schrieb Maitland einen ausführlichen Bericht.

Narbonne, Louis, Comte de, 1755–1813, General, Diplomat und militärischer Berater Napoleons. Nach Gesprächen mit dem russischen Zaren Alexander 1812 gewann er den Eindruck, dass der Zar entschlossen war, sein Reich mit allen Mitteln zu verteidigen, und warnte Napoleon mit Nachdruck – und vergeblich – vor dem Russlandfeldzug.

Nelson, Horatio, Viscount, 1758–1805, britischer Admiral und Kommandeur der britischen Mittelmeerflotte. Er besiegte die französische Flotte bei Abukir 1798 und sicherte mit dem Sieg über die Franzosen in der Seeschlacht bei Trafalgar 1805 die britische Seeherrschaft. Er selbst fiel bei dieser Schlacht.

Reil, Johann Christian, 1759–1813, Prof. Dr. med., bedeutender deutscher Internist, Anatom und Hirnforscher. Als Direktor der preußischen Lazarettkliniken kümmerte er sich um die Versorgung der verwundeten Soldaten während und nach der Völkerschlacht bei Leipzig 1813. Dabei infizierte er sich mit einer Seuche, wahrscheinlich Typhus, an welcher er starb.

Schwarzenberg, Karl Philipp, Fürst von, 1771–1820, Feldmarschall in österreichischen Diensten, gehörte in der Völkerschlacht bei Leipzig zu den führenden Militärstrategen und Heerführern.

Stein, Heinrich Friedrich Karl, Reichsfreiherr von und zum, 1757–1831, preußischer Politiker. Er führte in Preußen umfassende Verwaltungsreformen und Liberalisierungen (z. B. die Bauernbefreiung) durch, bis er auf Betreiben Napoleons 1808 entlassen wurde. 1812 wurde er Berater des russischen Zaren und leitete während der Befreiungskriege die Zentralverwaltung der von der napoleonischen Herrschaft befreiten Gebiete. In dieser Eigenschaft war er Vorgesetzter Dr. Reils.

Impressum

4. Auflage 2021
© 2013 Arena Verlag GmbH,
Rottendorfer Str. 16, 97074 Würzburg
Alle Rechte vorbehalten
Coverillustration: Joachim Knappe
Innenillustration: Till Charlier
Gesamtherstellung: Westermann Druck Zwickau GmbH
ISBN 978-3-401-06831-2

www.arena-verlag.de
Mitreden unter forum.arena-verlag.de

ARENA BIBLIOTHEK DES WISSENS

Luca Novelli

Edison und die Erfindung des Lichts

Marie Curie und das Rätsel der Atome

Man nannte ihn einen Zauberer, den Mann, der die Zukunft erfand: Thomas Alva Edison, der Erfinder der elektrischen Glühlampe, veränderte das Leben der Menschen. Wann immer wir zum Telefon greifen, das Licht einschalten, eine CD hören, den Fernseher anschalten oder ins Kino gehen – Edison hatte seine Finger im Spiel. Er meldete über 1000 Patente an, verdiente Millionen und investierte diese gleich wieder in neue Ideen, beseelt von dem Gedanken, dem Wohl aller zu dienen.

Marie Curie erarbeitete sich ihren Platz in der Welt der Wissenschaft – zu einer Zeit, in der die meisten Frauen von höherer Bildung ausgeschlossen waren. Luca Novelli erzählt spannend und mit Sachverstand vom Leben dieser außergewöhnlichen Frau; Zusatzinformationen führen in wissenschaftliche und historische Hintergründe ein. Eine persönliche Begegnung mit einer der eindrucksvollsten Persönlichkeiten der Wissenschaftsgeschichte.

112 Seiten • Klappenbroschur
ISBN 978-3-401-05587-9

112 Seiten • Klappenbroschur
ISBN 978-3-401-06214-3
www.arena-verlag.de